建设现代化经济体系研究

Constructing a Modernized
Economic System

史丹　周维富　王海兵　著

中国社会科学出版社

图书在版编目（CIP）数据

建设现代化经济体系研究 / 史丹等著 . —北京：中国社会科学出版社，2023.11
ISBN 978 – 7 – 5227 – 2870 – 4

Ⅰ.①建… Ⅱ.①史… Ⅲ.①中国经济—经济体系—研究 Ⅳ.①F123

中国国家版本馆 CIP 数据核字（2023）第 244139 号

出 版 人	赵剑英
责任编辑	张　潜
责任校对	孙延青
责任印制	王　超

出　　版	中国社会科学出版社
社　　址	北京鼓楼西大街甲 158 号
邮　　编	100720
网　　址	http://www.csspw.cn
发 行 部	010 – 84083685
门 市 部	010 – 84029450
经　　销	新华书店及其他书店
印　　刷	北京明恒达印务有限公司
装　　订	廊坊市广阳区广增装订厂
版　　次	2023 年 11 月第 1 版
印　　次	2023 年 11 月第 1 次印刷
开　　本	710×1000　1/16
印　　张	11.5
插　　页	2
字　　数	166 千字
定　　价	59.00 元

凡购买中国社会科学出版社图书，如有质量问题请与本社营销中心联系调换
电话：010 – 84083683
版权所有　侵权必究

前　言

建设现代化经济体系，是新时代、新征程中习总书记和党中央总揽全局而提出的、实现中国式现代化的一项重要战略任务。党的十九大报告指出，我国经济发展已由高速增长阶段转向高质量发展阶段，当前正处于转变经济发展方式、优化经济结构、转换发展动力的关键时期，打造现代化经济体系是跨关夺隘的迫切要求和我国产业与经济发展的重要战略目标。党的十九届三中全会提出，要建设现代化经济体系，推进经济高质量发展。党的十九届四中全会提出，要全面贯彻新发展理念，坚持以供给侧结构性改革为主线，加快建设现代化经济体系。党的十九届五中全会提出，要加快建设现代化经济体系，加快构建以国内大循环为主体、国内国际双循环相互促进的新发展格局。到2035年，我国经济实力、科技实力和综合国力都大幅跃升，基本实现新型工业化、信息化、城镇化和农业现代化，建成现代化经济体系，基本实现社会主义现代化；到本世纪中叶，即新中国成立一百周年时，建设成为富强、民主、文明、和谐、美丽的社会主义现代化强国。党的二十大报告进一步提出，要坚持以推动高质量发展为主题，把实施扩大内需战略同深化供给侧结构性改革有机地结合起来，增强国内大循环的内生动力和可靠性，提升国际循环质量和水平，加快建设现代化经济体系，着力提高全要素生产率，着力提升产业链供应链的韧性和安全水平，着力推进城乡融合和区域协调协同发展，推动经济实现质的有效提升和量的合理增长。

建设现代化经济体系，是顺应新时代中国社会主要矛盾转变、落实中国特色社会主义经济建设总体布局的必然要求，是跨越"中等收入陷阱"，建成富强、民主、文明、和谐、美丽的社会主义现代化强国，实现"两个一百年"奋斗目标的重要经济保障，是适应中国经济由高速增长阶段转向高质量发展阶段，推动实现更高质量、更有效率、更加公平、更可持续、更为安全发展的题中应有之义，也是新时期中国在国际产业分工和产业治理中赢得优势地位和话语权，挫败以美国为首的西方国家对中国实施的脱钩断链图谋，保障产业安全和经济安全的关键一招。建设现代化经济体系既是一个重要理论命题，又是一个重大实践课题，是需要理论和实践相结合进行深入系统探讨的一篇大文章、一个大课题。

目　　录

第一章　建设现代化经济体系的现实背景和战略意义 …………（1）
 第一节　建设现代化经济体系的现实背景 ………………（1）
 第二节　建设现代化经济体系的重大战略意义 …………（11）

第二章　现代化经济体系的基本内涵与主要特征 ……………（17）
 第一节　现代化经济体系的基本内涵 ……………………（17）
 第二节　现代化经济体系的主要特征 ……………………（28）

第三章　建设现代化经济体系的主要成就和突出问题 ………（34）
 第一节　建设现代化经济体系取得的主要成就 …………（34）
 第二节　建设现代化经济体系面临的突出问题 …………（45）

第四章　建设现代化经济体系的基本思路、主要目标和重点任务 ……………………………………………………（57）
 第一节　建设现代化经济体系的基本思路 ………………（58）
 第二节　建设现代化经济体系的主要目标 ………………（61）
 第三节　建设现代化经济体系的重点任务 ………………（62）

第五章　建设现代化产业体系 …………………………………（66）
 第一节　现代化产业体系的基本特征 ……………………（66）
 第二节　建设现代化产业体系的主要目标 ………………（70）

第三节　建设现代化产业体系的战略重点 …………… （71）
第四节　建设现代化产业体系的政策建议 …………… （82）

第六章　建设现代化区域发展体系 ……………………… （91）
第一节　建设现代化区域发展体系的重大意义 ……… （92）
第二节　建设现代化区域发展体系的主要目标 ……… （95）
第三节　建设现代化区域发展体系的重点任务 ……… （96）
第四节　建设现代化区域发展体系的政策建议 ……… （103）

第七章　推动工业经济高质量发展 ……………………… （108）
第一节　疫情下中国工业高质量发展的压舱石作用 … （108）
第二节　当前中国工业高质量发展面临的突出问题 … （111）
第三节　促进中国工业高质量发展的对策建议 ……… （117）

第八章　推动数字经济高质量发展 ……………………… （122）
第一节　数字经济与实体经济深度融合发展新趋势 … （122）
第二节　当前数字经济高质量发展面临的突出问题 … （131）
第三节　促进数字经济高质量发展的对策建议 ……… （137）

第九章　推动民营经济高质量发展 ……………………… （142）
第一节　中国民营经济发展取得的主要成就 ………… （142）
第二节　当前中国民营经济高质量发展面临的突出问题 …… （146）
第三节　促进中国民营经济高质量发展的对策建议 ………… （159）

参考文献 ………………………………………………………… （167）

第一章　建设现代化经济体系的现实背景和战略意义

建设现代化经济体系，是我们党和国家根据新时代的历史方位、社会主要矛盾与发展格局变化，着眼于"两个一百年"奋斗目标，顺应中国走向高质量发展阶段和社会主义现代化建设新征程的新变化和新要求做出的重大战略部署，是建设制造强国、质量强国、航天强国、交通强国、网络强国、数字中国，实现赶超跨越发展的迫切要求。只有加快建设现代化经济体系，切实转变经济发展方式，推动经济发展的质量变革、效率变革与动力变革，中国经济才能获得更高质量、更有效率、更加公平、更加可持续、更为安全的发展。

第一节　建设现代化经济体系的现实背景

近些年来尤其是党的十八大以来，中国经济发展所面临的国际与国内环境均发生了深刻变化。从国际上看，世界经济增长仍未完全摆脱金融危机的阴影而增长乏力，逆全球化和贸易保护主义思潮有所抬头，新一轮科技革命和产业变革深入发展，等等。从国内看，中国已由高速增长转向高质量发展，由全面建成小康社会转向全面建设社会主义现代化国家新征程的新的发展阶段，工业化和经济发展阶段、条件、动力、要求等均已经发生明显变化。建设现代化经济体系，是中国进入新阶段，顺应新变化，抓住新机遇，化解新挑战的内在要求和必然选择。

一　国际环境出现新变化

受国际金融危机、贸易保护主义、新科技革命和新冠疫情大流行等多重因素的影响，中国工业化和经济发展的国际环境出现了许多新变化。建设现代化经济体系，是应对错综复杂的国际环境，在危机中孕先机、于变局中开新局，把握机遇，应对挑战，趋利避害，勇毅前行的重要抓手。

（一）世界经济增长乏力，对中国经济发展的带动力明显减弱

自2008年国际金融危机以来，由于新的自主增长动力没有形成，世界经济迟迟未能走出危机的阴影，经济增长乏力，增长速度下降。根据IMF统计，世界经济增长速度在国际金融危机发生前的2007年为5.2%，国际金融危机发生时的2008年降至3.0%，国际金融危机发生后的2009年降至-1.1%。2010年恢复到4.3%的阶段高点后，世界经济增长速度一直未能恢复到危机前的水平。如果以10年为时间跨度进行纵向比较，2008年国际金融危机发生后的10年间，世界经济增长平均速度降至2.31%，比2008年国际金融危机前的10年平均增速低1.12个百分点，世界主要经济体经济增长速度均出现了较为明显的下降（见表1-1）。近几年，世界经济仍在低位徘徊。世界经济平均增速2017年为3.2%，2018年为3.0%，2019年为2.8%。受新冠疫情全球大蔓延的影响，2020年世界经济增长速度降至-2.5%，全球货物贸易下降5.3%，全球跨国直接投资大幅下降42%。由于增长乏力，世界经济增长对中国的带动力减弱，中国原来利用国际市场扩张的机遇，通过外需带动增长的内涵发生变化，全球化的红利在消退。有学者测算，2000—2007年净出口对中国国内生产总值增长的贡献率年均值为2.5%、2008—2017年为-5.8%、2018年降至-8.6%（李兰冰、刘秉镰，2020）。新冠疫情的出现和大流行，使得产业链和供应链的安全、可靠、稳定的重要性凸显。作为应对之策，世界主要经济体纷纷调

第一章 建设现代化经济体系的现实背景和战略意义

整全球投资策略,制造和经济发展重心回流成为重要潮流,重点产业链供应链的本土化、区域化、多元化成为各国产业布局的优先选项,全球既有的产业链国际分工格局受到严重冲击和挑战。在这种背景下,加快构建现代化经济体系,积极打造以国内大循环为主体、国内国际双循环相互促进、相互呼应的新发展格局,既是应对全球百年未有之大变局的需要,也是保障中国产业安全和经济安全,保障中国社会主义现代化建设事业行稳致远的需要。

表1-1　　　　金融危机前后世界主要经济体的
GDP平均增长速度的变化　　　　（单位:%）

世界主要经济体	金融危机前（1996—2007年）	金融危机后（2008—2016年）	下降幅度（百分点）
世界	3.43	2.31	1.12
美国	3.16	1.32	1.84
中国	9.92	8.41	1.51
日本	1.04	0.41	0.63

资料来源:根据世界银行公布的有关数据整理,GDP增速系以2010年不变美元价格平减之后得到的实际GDP增速。

（二）贸易保护主义和逆全球化思潮抬头,美国对华遏制力度明显加大

受国际金融危机影响,国际保护主义势头上升,全球贸易增长趋缓,经济全球化进程受阻。自2008年国际金融危机以来,贸易保护主义在全球范围呈上升趋势。譬如,美国采取退出TPP、对海外跨国公司征税、限制移民、启动对华301条款调查等多项带有强烈贸易保护主义色彩的举措,欧盟各成员国投票同意对现行反倾销和反补贴规则进行改革,为欧盟单方面实施贸易保护创造条件。在这种背景下,长期以来一直发展顺风顺水的经济全球化进程遭受了严重挫折,全球贸易争端明显增多。据统计,从1998年至2018年,全球反倾销争端由583起增加至1860起,全球反补贴争端由52起增加至178起,动

植物检疫和技术贸易壁垒争端则由 296 起增加至 1316 起，均呈现出明显增加之势。

更为严峻的是，世界头号强国美国打着"美国优先"旗号，对中国政治上加强遏制，经济上发起贸易战，并以保护国家安全为幌子把中国具有国际竞争力的领军企业切香肠式地一个一个地加入其制裁名单，技术上加强封堵，军事上加强挑衅，对华遏制和打压的力度明显加大。一是对华遏制和打压所涉及领域越来越广泛。早期是光伏和钢铁、铝等大宗原材料，后来扩大到新一代信息技术产业、航空航天装备产业、海工装备产业，近来又扩大到数字经济、人工智能和教育文化产业等产业领域。二是对华遏制和打压的花样不断翻新，手段越来越多。从早期的限制军用和军民两用技术的对华出口、"双反"（反补贴反倾销）、绿色贸易壁垒等扩大至限制中国企业对美国企业的投资并购、限制高科技中间产品的对华出口、限制中国企业在美国的市场准入、限制中美高等教育和科技的交流合作等全方位的遏制。三是对华遏制和打压的借口和幌子越来越多（李晓华，2020）。从早期的违反 WTO 等多边规则的倾销和补贴、扩大到对知识产权保护不力的无端指责，后来又蔓延至侵犯数据隐私、危及国家安全等多个借口和幌子。为了遏制中国技术创新能力，打击中国的高技术产业，遏制中国产业升级和高端化发展势头，保住美国的技术领先优势，美国还在国际社会拉帮结派，搞团团伙伙和小圈子，拉拢其盟友特别是"五眼联盟"国家一起对中国从产业链、技术链和市场链等多个方面进行脱钩断链。以美国为首的西方国家对华遏制力度明显加大，给中国参与全球产业分工和全球产业治理带来了十分严重的挑战。加快打造现代化经济体系，是化解上述严重挑战，确保中国产业和经济安全的战略需要。

（三）新一轮科技革命与产业革命加速推进

21 世纪以来，新科技革命和产业变革孕育突破，互联网、移动互联网、人工智能、大数据、云计算等新一代信息技术正在快速发展，新材料、新能源在制造业领域大规模深度应用，大数据技术、新

第一章 建设现代化经济体系的现实背景和战略意义

能源技术、宇宙空间技术、量子技术等诸多领域取得突破进展,由此推动产业组织和制造方式发生重大变革,进而改变生产组织形式和国际经济格局。有专家预测,以5G为代表的新一代信息通信技术、以高速运算能力为特征的量子计算及其与其他技术的融合、人工智能及其与其他技术的融合、以基因工程为代表的现代生物技术、以外空探测为代表的航天科技等发展潜力尤其巨大。[①]

为了抓住这一重大历史机遇,世界主要国家都相继出台了高技术产业未来发展的战略部署。美国提出了《先进制造伙伴计划》《先进制造国家战略计划》《美国制造业创新网络计划》《国家战略计算计划》《国家制造创新网络战略规划》《美国机器人路线图》《国家量子计划法案》《国家太空战略》《美国竞争法案》等,德国提出"工业4.0""高科技战略"等,日本颁布《新增长战略》《日本再生战略》《机器人新战略》《互联工业战略》《半导体和数字产业战略》等,英国发布《科技与创新战略》《投资低碳英国》《英国工业2050战略》等,韩国提出《服务机器人产业发展战略》《制造业创新3.0战略实施方案》《韩国3D打印产业振兴计划(2017—2019年)》《人工智能半导体产业发展战略》等(见表1-2)。从历史经验看,每次科技革命和产业变革对于后发国家与地区来说都是缩小差距、实现赶超发展的重要战略机遇。新科技革命和产业变革为中国加快传统优势产业的信息化、数字化、智能化改造,换道超车加快发展战略性新兴产业,建设现代化产业体系和现代化经济体系提供重要历史机遇,同时也提出严峻的现实考验。如果中国不能抓住这个重大战略机遇,加快建设现代化经济体系,中国就不能加速实现产业结构升级和发展新旧动能的顺利转换,工业化和经济发展的进程就会受阻,中国的产业国际竞争力和国际经济地位将会不进反退。

---

① 张宇燕:《"十四五"时期我国的外部环境及影响》,《中国社会科学报》2020年11月11日。

表1-2　世界主要国家应对新一轮科技革命与产业变革出台的主要举措

国家	出台的主要文件	战略布局的主要产业
美国	《先进制造伙伴计划》（2011） 《先进制造国家战略计划》（2012） 《美国制造业创新网络计划》（2013） 《国家战略计算计划》（NSCI）（2015） 《国家制造创新网络战略规划》（2016） 《美国机器人路线图》（2016） 《国家量子计划法案》（2018） 《国家太空战略》（2018） 《先进制造业美国领导力战略》（2018） 《无尽的前沿法》（2020） 《2021美国创新和竞争法案》（2021） 《美国半导体激励法案》（2021） 《美国竞争法案》（2022） 《2022年通胀削减法案》（2022） 《美国芯片和科学法案》（2022）	量子科技、人工智能（AI）、5G、复合材料、生物制造、替代能源、机器人、集成电路、高档数控机床等
德国	《"数字化德国2015"计划》（2010） 《生物经济2030：国家战略研究》（2011） 《工业4.0计划》（2013） 《高科技战略2020》（2014） 《高科技战略2025》（2018） 《国家氢能战略》（2020） 《联邦政府数据战略》（2021）	数字经济、新一代信息技术、新材料、智能制造、生物医药
英国	《科技与创新战略》（2001） 《投资低碳英国》（2009） 《低碳复苏计划》（2009） 《英国工业2050战略》（2013） 《英国2015—2018年数字经济战略》（2015） 《工业脱碳战略》（2021）	数字经济、低碳经济、信息通信、新材料、气候环境、服务制造
日本	《新增长战略》（2010） 《日本再生战略》（2012） 《机器人新战略》（2015） 《互联工业战略》（2017） 《半导体和数字产业战略》（2021） 《AI战略2022》	机器人、无人驾驶汽车、新材料、医疗健康、新能源、节能环保、下一代电子工程、人工智能（AI）

续表

国家	出台的主要文件	战略布局的主要产业
韩国	《服务机器人产业发展战略》（2012） 《制造业创新3.0战略实施方案》（2015） 《韩国3D打印产业振兴计划（2017—2019年）》（2016） 《人工智能半导体产业发展战略》（2020） 《白色生物产业振兴战略》（2020）	人工智能（AI）、无人机、智能汽车、机器人、智能可穿戴设备、智能医疗、3D打印、节能环保等

资料来源：笔者根据有关资料整理。

二 国内环境出现新特征

经过改革开放40多年的发展，中国工业化和经济发展的国内环境也发生了显著的变化，呈现出一些新的特征，主要表现如下。

（一）工业化发展阶段发生重要变化

通过多年的发展，中国建成了全世界最为完整的工业体系，成为全球第一大工业国，中国工业化发展阶段也因此出现了重大的历史性变化。2019年，中国人均GDP已经突破1万美元，常住人口城镇化率突破60%。2022年，中国人均GDP达到12745美元，常住人口城镇化率达到65.2%，按世界银行的标准，中国已进入中高收入国家行列，步入工业化发展的后期阶段。但距离实现工业化和工业现代化仍有一段较长的距离。从国际工业化发展的历史经验看，从工业化后期阶段发展到后工业化阶段，需要跨越"中等收入陷阱"。所谓中等收入陷阱，是指发展中国家人均收入达到中等收入水平时，由于政策、技术、环境等多方面的原因，国内产业升级乏力，经济增长停滞不前，社会贫富差距加大，经济对外依赖性上升，工业化和经济现代化的发展进程受阻的一种现象或状态。从世界工业化发展进程中，能否顺利越过"中等收入陷阱"，是一个十分严峻的挑战。许多国家在从中等收入国家向高收入国家、从工业化后期发展阶段向后工业化发展阶段跨越的过程中，由于这样那样的原因而导致失败，经济社会发展长期停滞不前的案例比比皆是。如南美的巴西、阿根廷、墨西哥，非洲的埃及、南非，亚洲的马来西亚、泰国等，这些国家的工业化发展迟迟没法成功突破中等收入陷阱而跻身工业发达国家行列。其重要原因在于上述这些国家的工业化和经济发展没有现代化经济体系作为坚强后盾，产业结构失衡、发展动力匮乏、社会矛盾突出。因而迄今为止，世界实现工业化的国家只有北美、欧盟和日韩等少数国家，全球工业化人口只有12亿，不到世界总人口的1/6。中国是一个有着14亿人口之巨的发展中大国，需要实现工业化的人口比全球现有工业化人口的总数还要多，成功跨越中等收入陷阱所面临的挑战将更为严峻，建设现代化经济体系将为中国成功跨越中等收入陷阱提供强大的物质支撑和坚实的经济基础。

（二）要素成本上升，比较优势发生新变化

改革开放以来，中国依托丰富的劳动力资源，利用劳动力成本优势承接了欧美发达国家的产业转移，并在承接国际产业转移过程中循序渐进地进行产业升级，逐步发展成为名副其实的世界"制造大国"（中国社会科学院工业经济研究所课题组，2020）。然而，近年来，中国劳动年龄人口逐年减少，人口红利逐渐耗尽。2013年中国劳动年龄人口达到10.06亿的峰值后已连续多年持续快速下降。2021年，中国劳动年龄人口已降至9.65亿。劳动年龄人口的减少预示着低成本劳动力无限供给时代的结束，劳动要素比较优势正逐步丧失，人口红利消退。事实上，根据国家统计局公布的数据，中国劳动力成本近年来已呈现快速上涨态势。数据显示，中国城镇非私营单位在岗职工年平均工资已从1995年的5348元上升至2021年的106837元，上涨了19.0倍。其中，国有单位在岗职工年平均工资从5553元上升至115583元，上涨了19.8倍。工资水平的迅速上升，致使中国的劳动力成本优势逐渐减弱。据国际劳工组织的数据，目前中国从业人员平均工资水平已是柬埔寨、印度尼西亚、斯里兰卡、坦桑尼亚等发展中国家的4倍以上。另据美国波士顿咨询公司测算，全面衡量劳动力成本、能源使用成本、汇率和劳动生产率4个因素，假设美国制造业的综合成本为100，则中国为96，中国的制造成本与美国已十分接近。

虽然从总体上看，中国劳动力成本当前比高收入国家还低不少，但能源成本、物流成本等高于不少高收入国家，中国的环境和土地使用成本也在不断上涨。随着中国要素成本的快速上涨，国际分工中的劳动密集型环节也开始逐步向越南、印度尼西亚、印度、老挝等东南亚和南亚国家转移。同时，一些先进制造业也开始转移至墨西哥、巴西等新兴经济体，甚至回流至发达国家。上述这些新迹象和新趋势将对中国经济的长期稳定发展造成较大冲击。并且，随着中国可用资源的逐步减少，人口红利的逐渐消失以及人口老龄化的加剧，劳动力供需关系转变，包括劳动力在内的要素成本还将进一步上升，要素成本上升造成的传统比较优势丧失的冲击很有可能是长期的且不可逆的。应对这种将来长期存在的趋势性冲击，保障中国经济的持续稳定发展，显然传统的经济体系已经无法应对新兴发展中国家的追赶和发达国家的挤压这种双重挑战。只有以技术创新为驱动、以制度创新为保障，加快建立现代化经济体系，才能建立中国产业和经济发展的新国际竞争优势，化解要素成本上升和传统比较优势丧失带来的诸多挑战。

（三）科技创新进入新阶段

改革开放以来，中国依靠引进消化吸收再创新，实现了科技的巨大进步和经济的长足发展。然而，随着产业技术水平的提高和经济结构的升级，中国在许多产业领域与世界先进水平的差距已大大缩小，部分产业如先进轨道交通装备、特高压输变电设备、人工智能、5G通信等还进入世界领跑者行列，大部分产业正在逐渐进入与世界产业发展并跑的行列，仍然处于跟跑行列的产业已越来越少。这就意味着，中国产业技术引进的可操作空间已越来越小，因为发达国家不可能把其看家的先进核心技术拿来与中国换市场。正如习近平总书记指出的，关键核心技术是要不来、买不来、讨不来的。这也就意味着中国原来行之有效的技术引进和模仿创新的技术创新路径已经走不通了。尤其是近年来，在以美国为首的西方国家对中国战略打压力度越来越大的背景下，中国技术创新必须也只能从引进消化吸收再创新转向自主创新发展的新阶段。随着科技创新进入新阶段，加快建设现代化经济体系自然就显得十分必要也十分重要了。因为一方面，科技创新进入新阶段需要现代化经济体系来为其提供强大的市场需求牵引，另一方面，自主创新能力的增强也将为加速建设现代化经济体系提供源源不断、高速迭代的原创性、引领性技术的坚强支撑。可见，加快建立现代化经济体系是中国科技创新进入新阶段的客观要求。

（四）资源环境压力加大

改革开放以来，中国经济保持长期持续快速发展，工业化和经济现代化建设也取得了长足进步，但粗放的增长模式也带来了十分突出的资源消耗和生态环境污染问题。从资源状况看，全国多年平均缺水量536亿立方米，2019年石油和原油对外依存度双双突破70%，铁矿石对外依存度超过80%。从生态环境状况看，中国仍然存在水土流失加剧、沙漠化面积扩大、生物物种加速灭绝、森林资源缺乏、地下水位下降、湖泊面积缩小、水体污染明显、大气污染严重、草原退化严重等一系列生态环境问题。据2019年6月可持续发展解决方案网络（SDSN）与贝塔斯曼基金会联合发布的《2019年实现可持续发展目标所需转变及其指数和指示板全球报告》显示，中国可持续发展目标指标（SDGs）得分73.2分，在全球162个参评国家和地区中排名第39位。从6个分项指标看，中国"应对气候变化"（SDG13）、"保护海洋生态"（SDG14）两项目标评价为"红色"，"水和环境卫生的可持续管理"（SDG6）、"可持续城市建设"（SDG11）、"消费和生产模式"（SDG12）及"保护陆地生态"（SDG15）四项目标评价均为"橙色"。从具体指标上看，PM2.5浓度、能源消费产生的人均CO_2排放量、受气候灾害影响的人口、海洋生态环境状况、拖网捕鱼治理情况和濒危物种红色名录指数六个指标评级为"红色"，废水处理率、公共卫生服务设施覆盖率、工业二氧化硫排放量和海洋自然保护区面积四项指标评级为"橙色"。

从资源环境利用效率看，来自世界银行的数据显示，中国每千克油当量GDP产出为5.3PPP美元，仅相当于美国的62.3%、日本的45.7%、德国39.6%、韩国的73.6%，甚至比印度、巴西等发展中国家都要低许多；而每千克油当量碳排放量中国为3.4千克，分别比美国、日本、德国、韩国、英国、巴西、印度高41.7%、25.9%、41.7%、54.5%、47.8%、88.9%和25.9%（见表1-3）。环境的污染、资源的枯竭与生态的胁迫，表明中国传统的发展模式和经济体系已经越来越难以持续，解决中国严峻的资源生态环境问题，亟须转变粗放的经济发展模式，将环保技术、清洁生产工艺等众多有益于环境的技术转化为社会生产力，积极打造资源节约型、环境友好型的绿色低碳产业体系，加快建设现代化的产业体系和经济体系。

表1-3　　世界主要国家能源消费效率及碳排放情况

	中国	美国	日本	德国	韩国	英国	巴西	印度
每千克油当量GDP产出	5.3	8.6	11.6	13.4	7.2	16.2	11.2	8.0
每千克油当量碳排放量	3.4	2.4	2.7	2.4	2.2	2.3	1.8	2.7

注：每千克油当量GDP产出为2015年数据，计量单位为2017年PPP美元/千克油当量；每千克油当量碳排放量为2014年数据，计量单位为千克/千克油当量。

资料来源：世界银行WDI数据库。

第二节　建设现代化经济体系的重大战略意义

建设现代化经济体系是中国特色社会主义进入新时代后，培育工业化和经济发展新动能、新优势、新体系，推动中国经济高质量发展，开启全面建设社会主义现代化新征程的迫切需要。只有构筑完善的现代化经济体系，才能更好地顺应现代化发展潮流和赢得国际竞争主动，也才能为其他领域现代化提供有力支撑。加快打造现代化经济体系，战略意义重大，战略影响深远。

一　有利于实现两个"一百年"发展目标

党的十五大报告首次明确提出了"两个一百年"的奋斗目标，即到中国共产党成立一百周年的时候，全面建成小康社会；到新中国成立一百周年的时候，建成富强、民主、文明、和谐的社会主义现代化国家。党的十八大以来，以习近平同志为核心的党中央从党和国家事业发展全局出发，统筹布局，进一步明确规划了全面建成社会主义现代化强国的时间节点和路线方略，提出：到2035年，在全面建成小康社会的基础上基本实现社会主义现代化；到21世纪中叶，要把中国建成富强、民主、文明、和谐、美丽的社会主义现代化强国。建设现代化经济体系是实现这个战略目标的重要保障，也是具有举足轻重作用的关键一步。

改革开放以来，我们党把全部工作的重心转移到了建设社会主义现代化国家上来，工业化与经济发展及经济体系的建设都取得了举世瞩目的伟大成就。然而，由于工业化和现代经济发展的底子薄、基础差、起步晚，中国经济体系的现代化水平亟待进一步提高，产业"大而不强"，国际竞争力弱，许多位居世界第一的企业和产业只是一个"虚胖子"，在全球产业链、价值链中处于中低端地位，持续发展能力和国际竞争力还比较低。例如，曾经被视为国之重器的沈阳机床集团，2012年曾以120亿元的年销售额问鼎世界机床企业榜单第一。但由于自主创新能力不强，核心竞争力缺口不足，2019年沈阳机床集团不得不接受破产重整的悲惨命运。再如集成电路，由于自主创新能力薄弱，产业国际竞争力低，2022年中国集成电路进口额高达4156亿美元，是2015年的1.8倍。

当前，世界范围内出现的第四次产业革命发展如火如荼，这为中国产业和经济转型升级提供了难得的历史性机遇。但与此同时，逆经济全球化和贸易保护主义的日趋强化，又使中国经济社会发展面临的外部环境上的挑战更加复杂、更加严峻。确保如期实现"两个一百年"的伟大奋斗目标，我们需要以更加勇往直前、更加坚韧不拔的决心推进经济发展和社会建设的现代化进程。建设现代化经济体系是这个过程中决定国家前途与命运的关键一招。因为只有建成现代化经济体系，才能顺应甚至引领经济全球化发展潮流，有效化解贸易保护主义的严峻挑战，才能加快提升中国产业链、价值链在国际分工中的地位，才能为如期实现"两个一百年"的伟大奋斗目标提供强有力的物质基础和经济保障。建设现代化经济体系，是以习近平同志为核心的党中央从党和国家事业发展全局出发，着眼于实现"两个一百年"的伟大奋斗目标、顺应中国特色社会主义进入新时代的新要求做出的重大战略决策和战略部署。

二 有利于解决新时代中国社会的主要矛盾

改革开放以来，中国经济持续快速增长，国家整体实力和社会生产力显著提高。到党的十九大召开前夕，中国国内生产总值达到744127亿元，比改革开放之初的1978年增长31.3倍；原煤、纱布、粗钢等主要工业产品人均产量增长了数倍至十余倍（见表1-4）。在这种背景下，中国经济发展长期存在的短缺现象发生了根本性的逆转，社会主要矛盾发生了明显转化。这种变化，正如党的十九大报告指出并在二十大报告中再次强调的，中国特色社会主义进入新时代，中国社会主要矛盾已经转化为人民日益增长的美好生活需要和不平衡不充分的发展之间的矛盾。也就是说，当前，中国经济发展质量不高，科技创新能力还不强，东中西各区域，城市与乡村等各方面的发展不够平衡，中西部地区和乡村等发展相对滞后，生态环境建设发展滞后，严峻制约全国发展水平的提升，影响了人民对美好生活的追求和向往。

表1-4　改革开放以来中国人均主要工业产品产量增长情况

年 份	原煤（吨）	纱（公斤）	布（米）	机制纸及纸板（公斤）	水泥（公斤）	粗钢（公斤）	发电量（千瓦小时）
1978	0.65	2.49	11.54	4.59	68.23	33.24	268.36
2016	2.47	27.07	65.77	89.36	1748.29	585.79	4455.39
增长（%）	280.6	986.8	470.1	1846.2	2462.3	1662.5	1560.2

资料来源：《中国统计年鉴（2017）》。

概而言之，这种不平衡、不充分主要表现在：

（1）区域经济发展的水平不平衡，一些区域尤其是老、少、边与欠发达地区的工业化发展不充分，经济发展水平较低。由于梯度发展战略以及各区域资源禀赋、产业发展基础存在差异等诸多原因，中国不同区域的经济发展水平极不平衡，总体表现为东部高、中西部地区低，东中西部地区之间在经济发展水平上存在明显的梯度差距。

（2）产业发展上的不充分和不平衡，产业与经济结构上的矛盾突出。一方面，中国低端产品和低端产业重复建设和产能过剩问题突出；另一方面，适应消费升级需求的高端产品和引领产业与经济升级的高精尖产业发展不足，产业链现代化、产业结构的高级化进展缓慢。

（3）实体经济与虚拟经济之间的发展不平衡，实体经济发展的质量不高，高质量供给不充分，不能满足生产和消费升级的需求。尤其是近些年中国经济发展中开始出现"脱实向虚"的不良倾向，实体经济特别是现代制造业在国民经济中占比日益降低。作为实体经济中坚的工业增加值占GDP比例2011年至2022年从40.0%降至33.2%，10多年间下降了6.8个百分点，作为实体经济核心的制造业占GDP的比重更是从2016年的30.3%下降至2021年的27.4%，短短几年间下降了近3个百分点，而金融、保险等虚拟经济的增加值占GDP比迅速提高。实体经济不仅增速下降，而且整体供给质量也亟待提升。虽然快速的工业化进程提升了我国的产品供给能力，但产品档次偏低，产品标准化水平和可靠性有待提升，高品质、个性化、高复杂性、高附加值的产品供给依旧不足，制造业总体处于全球价值链的中低端，且中国制造的品牌知名度亟待提升。实体经济尤其是先进制造业的供给质量与工业化和城市化主导的生产结构与消费结构升级的不相匹配，直接造成实体经济特别是先进制造业的供给与需求处于失衡状态，进而加剧了实体经济与虚拟经济的发展不平衡。

（4）民生建设发展不充分，优质的教育资源、医疗资源、养生养老资源供应不足，存在明显短板，居民看病难、就学难、养老难等仍在不同程度上存在着。

（5）收入分配体系还需进一步改善，继续巩固乡村扶贫攻坚成果还面临着不小的压力，城镇的贫困问题也有待进一步解决。

在上述背景下，打造现代化经济体系，须积极贯彻创新、协调、绿色、开放、共享五大新发展理念，破解中国产业自主创新能力弱，城乡工农区域发展不平衡、不充分，工业化和经济发展与资源环境的协调性差等问题，进一步优化中国经济结构，提升中国工业化和经济发展水平，缓解区域、城乡发展差距和收入分配不合理状况，改善并提高生态环境质量，更好地满足人民的经济、政治、文化、社会、生态等多方面日益增长的需要，促进全体人民共享幸福美好生活。

三 有利于转变经济发展方式，优化经济结构

经过新中国成立以来特别是改革开放40多年来的发展，中国已经进入中国特色社会主义新时代，转变经济发展方式、优化经济结构，实现高质量、高效益、持续稳定的经济发展，把中国建成富强、民主、文明、和谐、美丽的社会主义现代化强国，已经成为摆在全国各族人民面前的一个十分伟大而艰巨的历史任务。只有不断地转变经济发展方式、优化经济结构，才能建成富强、民主、文明、和谐、美丽的社会主义现代化强国。这个建设社会主义现代化强国的发展过程，既是建设现代化经济体系的发展过程，也是转变经济发展方式、优化经济结构的发展过程。建设现代化经济体系与转变经济发展方式、优化经济结构，两者相辅相成，相互促进。不转变经济发展方式、优化经济结构，就不可能建成现代化经济体系。同样，不建设现代化经济体系，经济发展方式就不可能最终实现根本性转变，经济结构也不可能实现优化，社会经济也不可能实现高质量、高效益、持续稳定的发展。

四 有利于提高产业国际分工地位，增强对世界经济治理的话语权

改革开放以来，中国利用资源禀赋的比较优势参与国际产业分

工,现已发展成为"世界工厂"。2021年,中国工业增加值占全球工业总量的比重接近三成。在国际标准产业分类的22个制造业大类中,中国已经有12个行业的增加值位居世界第一,9个位居世界第二。在主要工业制成品中,中国已有220多种工业制成品长期稳居世界第一。但是,由于产业发展的核心技术和关键装备受制于人,中国产业升级进展缓慢,产业长期处于国际产业链和价值链中低端,结果一方面造成中国产业盈利能力低,产业和经济自主发展能力弱,另一面造成中国在世界产业和经济治理中话语权弱,国家产业安全和经济安全保障能力低。以机床产业为例,由于核心部件对外依存度较高,机床产业链上游"卡脖子"技术供给能力弱,床身立柱、主轴、滚珠丝杠副、滚珠直线导轨副、光栅尺、伺服电机及控制器、刀具刃具等关键零部件、元器件与国外先进水平差距较大,国内高端机床供给几乎被国外企业垄断。如伺服器,国外品牌占比高达75%,其中日本的松下、安川、三菱电机、三洋等占比50%,欧美企业占比25%,国产品牌只占据着20%的中低端市场份额;数控系统,国外数控企业基本垄断了国内高端数控市场,国内高端数控系统95%以上依赖进口。在汽车产业中,目前中国汽车整车生产所需的70%以上的高端装备依赖进口,80%左右的发动机、变速箱装备依赖进口,90%的汽车研发、试验、检测等仪器设备依赖进口。更为严重的是,中国汽车产业发展所需的特种功能材料几乎全面依赖进口。在机器人产业中,中国虽然已经成为世界机器人第一生产大国,但生产机器人所需的运动控制器、伺服驱动器、伺服电机及精密减速器等关键零部件长期依赖进口。

建立现代化经济体系,将从根本上改变中国关键核心技术受制于人的不利局面,解决中国产业链供应链中诸多"痛点""堵点""断点",提升产业链和供应链现代化水平,从而提高产业国际分工地位,打破发达国家对世界产业和经济治理话语权的垄断,提高中国产业和经济安全度。

第二章　现代化经济体系的基本内涵与主要特征

建设现代化经济体系是一个多方面因素复合的整体，涉及经济运行和经济发展各个环节、各个层面、各个领域，是一项复杂的系统工程，是指导当前和今后相当长一个时期经济工作的重大战略部署。因此，准确理解和科学把握现代化经济体系这个概念的基本内涵和主要特征，从理论和现实上看都显得十分重要而且十分必要。

第一节　现代化经济体系的基本内涵

建设现代化经济体系是我们党所独创的一个中国特色社会主义的色彩鲜明的新概念。它既是一个重大理论命题，又是一个重大实践课题，含义丰富、内容深刻，是一篇大文章。正因为如此，目前学术界对什么是"现代化经济体系"，它的内涵和外延是什么，等等，众说纷纭、莫衷一是。如有的学者认为，现代化经济体系应该包括高质量的经济发展、高水平的经济效益、中高速的经济增长速度、高水平的农业农村发展、更平衡协调的地区发展格局、更完善的社会主义市场经济体制机制、更全面的对外开放（胡鞍钢、张新，2017）。这些观点正确地指出了现代化经济体系具有的高质量、高水平、高效益等特征，但其不足之处也很明显。一是把中高速的经济增长速度作为现代化经济体系的主要特征明显不太合适，因为：从世界范围内看，迄今为止世界工业化和经济发展历史上还没有一个国家能够长期保持经济的中高速增长。中国从现在到新中国成立一百周年实现社会主义现代化的整个时期，从经济上看都应该是处于建设现代化经济体系的发展时期，在这么长的时期内，中国经济增长速度不可能始终都是处于中高速增长状态。二是这种理解忽视了现代化经济体系的核心内容——高端高效的现代化产业体系。事实上，没有高端高效的现代化产业体系，现代化的经济体系就会成为无源之水、无本之木，就会成为空中楼阁。三是完善的社会主义市场经济体制、全面的对外开放是中国建设现代化经济体系的重要体制保障和重大战略举措，但不能也不应该把其说成是现代化经济体系本身所具有的内容。否则，经济体系就等同于社会经济，涵盖与经济有关的所有方面。这样理解的话，经济体系与社会经济这两个概念就是同义反复，经济体系也就成了一个多余的概念了。

也有学者认为，现代化经济体系的科学内涵必须是：（1）坚持质量第一、效率优先推动现代化经济体系建设；（2）加快建设实体经济、科技创新、现代金融、人力资源协同发展的产业体系；（3）着力构建市场机制有效、微观主体有活力、宏观调控有度的经济体制（宁吉喆，2017）。这种观点把现代化经济体系建设和产业体系建设并列起来，犯了把整体与部分并列起来等量齐观的逻辑错误，而且把实体经济、科技创新、现代金融、人力资源协同发展的产业体系等同于现代化产业体系也是不太正确的。因为实体经济、科技创新、现代金融、人力资源协同发展是打造现代化产业体系的路径和原则要求，并不能等同于现代化产业体系本身。事实上，现代化产业体系的主要特征体现在高端化、高级化、高效化、智能化和绿色低碳化的产业结构体系。

还有学者认为，中国的现代化经济体系建设至少也应包含生产、交换、分配、消费四个基本维度。在这些学者看来，现代化经济体系的基本内涵应该包括：现代化生产体系，现代化交换体系，现代化分配体系，以及现代化消费体系（马艳、李俊、张思扬，2019）。这种观点正确地把握住了现代化经济体系的现代化这个根本属性，并从经济运行的生产、交换、分配和消费整个流程对现代化经济体系的外延进行了界定，这是其可取之处。但这种观点对现代化经济体系的理解还是过于狭窄了，因为这个概括既没有体现出现代化经济体系的层次性，也没有体现出现代化经济体系的区域性特征。

又有学者认为，一般而言，经济体系包括经济主体结构、三次产业结构、技术结构以及与之相适应的自然资源、资本、人力资源、管理等生产要素配置结构。在这些学者看来，现代化经济体系应该具有以下几个主要特征：（1）现代化经济体系是"虚实共生、以实为主"的经济体系；（2）现代化经济体系是"创新驱动发展"的经济体系；（3）现代化经济体系是"协调平衡发展"的经济体系；（4）现代化经济体系是"绿色低碳发展"的经济体系；（5）现代化经济体系是"开放共赢发展"的经济体系；（6）现代化经济体系是"共享共富发展"的经济体系；（7）现代化经济体系是"劳动关系和谐"的经济体系；（8）现代化经济体系是"多元包容"的经济体系；（9）现代化经济体系是"两手互济发展"的经济体系（韩保江，2017）。这部分学者的观点尽管在其经济体系所涵盖的内容更加全面丰富，但是其与前面几种看法一样，也存在类似的不准确、不科学等问题，其对经济体系内容的概括既过于宽泛又不太准确。这种不准确、不科学主要体现在：（1）经济体系不仅包括三次产业结构，而且包括包含产业价值链在内的整个产业体系、地区经济结构等；（2）没有具体说明什么是经济主体结构，主体经济结构与产业结构等是什么关系；（3）把诸如"开放共赢发展""共享共富发展""劳动关系和谐""多元包容""两手互济发展"等许多生产关系和上层建筑的因素归结为经济体系的构成部分和主要特征，也是不合适的。一个典型的反例是，西方发达国家现在的经济体系应该是现代化经济体系，但是它们的经济体系并不一定具备上述这些特征。

总而言之，上面这些关于现代化经济体系的观点，虽然也有正确的一面，但是都存在这样那样的问题：有的失之于宽泛，有的失之于狭窄，有的不具体、泛泛而论，有的逻辑不清晰，有的既失之过宽又有遗漏。笔者认为，学术界对现代化经济体系理解之所以莫衷一是，其主要原因在于现代化经济体系这个概念含义丰富，甚至可以说博大精深，以至于使人们对其"横看成岭侧成峰，远近高低皆不同"。事实上，构成现代化经济体系这个概念的两个关键词"现代化"和"经济体系"本身就是含义丰富且学界迄今尚无法达成共识的概念。因此，学术界对于什么是现代化经济体系不能形成共识也就不难理解了。笔者认为，准确理解和把握现代化经济体系这个概念，首先必须理解什么是现代化，其次必须弄清什么是经济体系，最后把两者有机地结合起来才能比较准确地理解现代化经济体系的科学内涵。

"现代化"（modernization）虽然是一个十分常用的概念，但人们对现代化的内涵的理解多种多样。有的从经济的角度把其理解为从传统农业转变为现代工业、从经济落后转变为经济发达的过程；有的从社会文明的角度把其理解为从传统农耕文明向现代工业文明转变的过程；还有的从政治、经济、社会、文化、生态等综合角度把其理解为科学革命以来所导致的"传统社会"向"现代社会"过渡的全方位急剧变动的过程，也即在科技进步的推动下人类社会政治、经济、社会、思想等各个方面告别传统的变化过程。上述这些对现代化内涵的种种解释，无疑都具有一定的道理。但是，我们这里的"现代化"是用在经济体系之前的，因此，这里的"现代化"一词应该主要从经济的角度来理解。

笔者认为，从经济的角度看，"现代化"这个概念至少应该包括以下几层意思：（1）一个国家或地区的经济从传统农业经济为主向以现代工业经济和服务业经济为主的转变过程；（2）一个国家和地区的产业从附加值低、技术含量低、国际竞争力低的产业或产业链环节向技术含量高、附加价值高、国际竞争力高的产业或产业链环攀升的过程；（3）一个国家或地区的经济增长的主要驱动引擎由土地、劳动力、资本等传统生产要素转向人力资本和科技创新的转变过程；（4）一个国家或地区的企业从小到大、从弱到强、从本土发展到跨境甚至跨国经营的转变过程；（5）一个国家或地区的经济管理方式

第二章 现代化经济体系的基本内涵与主要特征

和经济治理模式由传统手段向现代智能化、数字化、信息化手段，从传统经济治理模式向现代经济治理和管控方式转变的过程；（6）一个国家或地区经济由低效率、低质量、低效益向高效率、高质量、高效益的转变过程；（7）一个国家或地区的区域经济由不平衡梯度发展向协调均衡发展，由发达与落后并存向共同发达、共同富裕的转变过程。

弄清了"现代化"的含义之后，我们接下来再看看什么是经济体系。按照百度百科的解释，经济体系是指一群经济个体之间具有的相互联系的关系，个体之间可以互相兑换通货，任一个个体的变动都会对总体带来或多或少的影响。按照这个解释，欧盟就是一个经济体系。这种解释既失之宽泛，又不太严谨，也经不起仔细推敲。《中国成人教育百科全书》把经济体系理解为一定地域内各种人类经济活动的有机组合体，又称经济系统或空间经济系统。按照此种解释，经济体系中应正确处理以下几种关系：农、轻、重之间的比例关系；农业内部农、林、牧、副、渔之间的比例关系；工业内部采掘工业、原料工业、加工工业之间的比例关系；工农业与能源产业、交通运输业之间的比例关系；生产生产资料的部门与生产消费资料部门之间的比例关系；积累与消费的比例关系。而《教师百科辞典》则认为，经济体系是指国民经济各部门和各个方面之间的横向与纵向联系，以横向联系为主，即它们之间的比例关系和协调状况。中国经济体系分三级：全国性经济体系、区域性经济体系和地方性经济体系。《人文地理学词典》则认为，经济体系亦称经济系统，指国民经济各部门和各个方面之间的纵向和横向联系，以后者为主。使国民经济各部门、各行业产品之间保持良好的比例关系，协调发展形成一个有机的整体。上述观点尽管都有其可取之处，但这些观点对经济体系的理解大多局限于产业层次，基本上把经济体系等同于产业体系，失之过窄，而且其产业分类方式也过于陈旧。

那么，究竟什么是经济体系呢？从理论抽象或理论归纳的层面看，经济体系实际上是一定经济体制下国家组织生产的具体方式和具体产业生态，有什么样的生产方式和经济体制，就有什么样的经济体系。事实上，与生产方式和经济体制相关的一些概念如开放经济、封闭经济、计划经济、市场经济、混合经济、区域经济、国民经济、传统经济、现代经济、实体经济、虚拟经济、二元经济、低碳经济、共享经济、新经济、平台经济、网络经济、数字经济等，都是从某一具体的视角来反映经济体系的运行状况。这样看来，理解经济体系可以从狭义和广义两个角度来进行。

狭义即从生产力的角度看，经济体系与经济结构的含义大体上相当，主要包括产业经济结构、区域经济结构和企业经济结构等。广义即从生产力和生产关系相结合的角度看，经济体系既包括经济结构，又包括对这种经济结构产生影响和作用的资源配置方式和宏观经济管理体制。从党的十九大报告提出建设现代化经济体系的原意及中国主要领导人后来对此概念的阐释来看，广义的理解更符合现代化经济体系提出的初衷。

也就是说，现代化经济体系中的经济体系不仅应该包括产业体系、产业结构、产业组织结构等生产力层面的内容，而且应该包括与资源配置方式、国民经济管理方式、生产资料所有制形式、收入分配体系等生产关系层面的内容。而且生产力与生产关系两者之间在互相影响的过程中共同打造了一个国家或地区的经济体系。具体来说，经济体系主要涉及产业体系、区域发展体系、企业组织体系、基础设施体系、收入分配体系、生态环境保护体系和宏观经济管理体制及资源配置体系等。

理解了"现代化"和"经济体系"这两个概念之后，对现代化经济体系的含义也就不难理解了。简而言之，现代化经济体系就是以新发展理念为指导，以生产力和生产方式的现代化、宏观经济管控的科学化为根本标志，以现代化产业体系和社会主义市场经济体制为基本内核的经济体系。简单地说，现代化经济体系就是能最有效反映现代化发展要求，推动现代化实现并保证现代化有序运行的经济体系。换言之，现代化经济体系就是经济体系的现代化，或者说是现代化了的经济体系。从外延上看，这样理解的现代化经济体系主要包括现代化产业体系、现代化区域发展体系、现代化企业体系和现代化的宏观调控体系等。

一　现代化产业体系

现代化产业体系是现代化经济体系的核心内容，也是现代化经济体系的主要标志和重要基础。现代化经济体系必须是而且也只能是建立在现代化的产业体系基础之上，没有产业体系的现代化，就无法支撑现代化经济体系这座宏伟大厦。那么，什么是现代化的产业体系呢？简单地说，现代化产业体系是以现代化农业、现代化工业、现代化建筑业、现代化服务业为主体的高质量、高效益的新型产业体系。

首先，现代化的产业体系必须是建立在现代化农业、现代化工业、现代化建筑业、现代化服务业基础上，且各个产业内部也均实现了现代化。也就是说，现代化产业体系就是现代化农业、现代化工业、现代化建筑业与现代化服务业互相深度融合、协调发展所形成的新型产业体系。

其次，现代化的产业体系必须是产业结构能够不断自我优化升级的产业体系。换言之，现代化的产业体系必须三次产业结构及各次产业内部结构之间协调合理，而且产业结构能够不断根据资源禀赋条件变化、市场环境变化而不断自我升级和高度化、高端化。

再次，现代化的产业体系必须是产业国际竞争强，在产业国际分工中占据主导地位和话语权，占领世界产业链和价值链高端的产业体系。换言之，现代化产业体系在国际产业竞争和产业分工中的表现形式是：产业国际竞争力强，产业的国际分工地位高，对世界产业发展方向的把控能力和话语权强。

最后，现代化的产业体系必须是环境友好、资源节约、经济效益显著的产业体系。传统产业体系是建立在资源能源大量消费的基础上，其遵循的是"资源—生产—消费—废弃物排放"的线性经济发展模式，即在生产加工、流通和消费的过程中，把污染和废物大量地排放到自然环境中，产业发展过程中的资源能源消耗大，环境污染和环境载荷重，产业发展的生态环境友好性差。在现代化产业体系下，可持续发展理念深入人心，清洁生产和产业生态化发展成为潮流，生态工业、生态农业、低碳建筑业、低碳服务业等成为现代三次产业的新形式，产业发展过程中的资源能源消耗少、环境载荷低，产业发展与生态环境在绿色低碳基础上实现良性互动与完美兼容（见表2-1）。

表2-1　　　　传统产业体系与现代化产业体系的比较

	传统产业体系	现代化产业体系
产业体系的主要部门的状况	传统的农业、传统的工业、传统的建筑业、传统的服务业	现代化的农业、现代化的工业、现代化的建筑业、现代化的服务业
产业的融合发展程度	产业融合不太明显，三次产业之间及各次产业内部间的产业界限相当分明	产业融合成为产业发展的重要趋势，三次产业之间以及各次产业内部间的界限越来越模糊，产业数字化、网络化、智能化发展趋势越来越明显
产业发展动力	土地、劳动力、资源、生态环境的低成本比较优势	人力资本积累、科技创新、数字化与智能化赋能
产业效率和效益	产业发展效率低、效益差	产业发展效率高、效益好
产业国际竞争力	弱	强
产业环境友好性	高能耗、高污染，环境友好性差	绿色低碳、环境友好
产业国际分工地位	产业国际分工地位低，处于世界产业价值链的中低端，缺乏国际产业治理话语权	产业国际分工地位高，处于世界产业价值链的高端甚至顶端，国际产业治理能力强，话语权大

资料来源：笔者自撰。

二　现代化区域发展体系

区域经济体系是国民经济体系的重要组成部分。现代化区域发展体系是现代化经济体系在区域经济空间上的落实和具体化。建设和发展现代化区域体系要求建立彰显优势、协调联动的区域发展格局，从

第二章 现代化经济体系的基本内涵与主要特征

而实现区域良性互动、区域优势互补、区域分工协作，进而实现高水平、高效益的区域经济一体化、现代化。与传统的区域发展体系相比，现代化的区域发展体系具有以下一些基本特征。

第一，在发展动力上，现代化的区域发展体系主要依靠高水平的科技创新和数字化、智能化赋能来带动区域经济发展。与传统区域发展模式主要依靠上投资、上项目不同，现代化区域发展体系主要依靠科技创新和数字化智能化赋能来带动区域经济发展，各地区均建立了高水平的产学研科技创新体系和良好的科技创新协同机制以及高水平现代基础设施体系。

第二，在发展政策上，平衡协调发展战略成为国家的主要区域政策。与传统区域发展模式实行区域非均衡发展战略不同，现代化区域发展体系强调缩小区域经济发展差距，强调公共服务均等化、公平化。

第三，在地区关系上，区域之间基础设施实现了高水平的互联互通，全国统一的市场体系，统筹有力、竞争有序、绿色协调、共享共赢的区域协调协同发展新机制开始形成并不断完善，区域间形成了良好的产业分工协作关系。

第四，在发展成效上，现代化的区域发展体系下区域之间公共服务实现了高水平均等化，区域之间实现多重一体化和协同化，区域产业结构和经济结构协调合理，单位国土面积产出高、效益好（见表 2-2）。

表 2-2　传统区域发展体系与现代化区域发展体系的比较

	传统区域发展体系	现代化区域发展体系
发展动力	传统的投资带动	高水平的创新驱动、数字化和智能化赋能
发展政策	不平衡倾斜发展战略。将有限的战略资源更多用于重点区域的发展	实行协调发展战略和区域战略统筹发展战略，市场一体化发展、区域合作互助、区际利益补偿、财政转移支付制度等政策机制不断健全完善

续表

	传统区域发展体系	现代化区域发展体系
地区关系	区域间基础设施互联互通性差，存在市场分割封锁和地方保护主义，区域协调发展新机制缺失，区域间产业分工协作不发达	区域间基础设施互联互通，形成了全国统一的市场体系，统筹有力、竞争有序、绿色协调、共享共赢的区域协调发展新机制开始形成并不断完善，区域间形成了良好的产业分工协作关系
发展成效	公共服务水平低，公共服务区际差异大，区域间发展差距大，区域产业结构与经济结构的不协调、不合理	区域之间公共服务实现了高水平均等化，区域之间实现多重一体化和协同化，区域产业结构和经济结构的协调合理，全国各区域实现共同发展、共同繁荣、共同富裕

资料来源：笔者自撰。

三 现代化企业体系

企业是国民经济的细胞和重要的微观经济主体，企业是否有活力直接关系到整个国民经济活力的大小，企业发展的绩效状况如何也直接影响到整个国民经济的发展绩效。因此，建立现代化经济体系必须以建立现代化的企业体系为基础，为支撑。

从理论上看，符合现代化经济体系要求的现代化企业体系应该具有以下一些基本特征，或者说符合以下一些基本条件。

第一，大中小企业之间实现协同发展和有序竞争。与传统经济体系下大中小企业之间经常发生低水平无序竞争、恶性竞争或者竞争不足不同，在现代化经济体系下，在大企业创新驱动和转型发展的带动下，中小企业通过与行业龙头大企业协作配套，大中小企业协同发展在配套合作中形成协同产品创新体系、协同技术创新体系、协同市场创新体系、协同管理创新体系。大企业引领的协同创新体系使中小企业从低水平、低附加值、低质量能级跃迁到高质量、高附加值、高水平能级，从无序的产业发展状态过渡到有序协调的产业发展状态，不断推动产业体系和经济体系优化升级。

第二，不同所有制经济实现协同发展。在现代化经济体系下，国有经济、民营经济和其他非公有制经济拥有平等的发展权利和法律地位，在各自职责范围内充分发挥其各自的优势、克服其各自的弱势，相互取长补短，共同成长发展。在现代化经济体系下，国有经济在关系国家经济安全、国民经济命脉和国计民生的重要行业和关键领域、重点基础设施集中，向前瞻性、引领性和战略性的产业集中，向具有核心竞争力的链主企业和优势龙头企业集中，私营与个体经济在一般竞争性领域发挥主导作用。

第三，不同类型、不同所有制企业均建立起与社会主义市场经济体制相适应的"产权清晰、权责明确、政企分开、管理科学"现代企业制度和科学的激励约束机制，企业的运营效率和盈利能力达到国际领先水平，具有跨国经营能力和全球产业治理能力的大型跨国企业不断增多。

四　现代化宏观经济治理体系

现代化宏观经济治理体系是构建高水平的社会主义市场经济体制的、必不可少的重要组成部分，也是现代化经济体系的重要组成部分，更是中国特色社会主义市场经济的一个重要优势。与传统宏观经济治理主要依靠计划和行政手段对国民经济总量和结构进行管理、计划、调节和控制不同，现代化的宏观经济治理以社会主义市场经济体制为基础，以国家发展整体规划为战略导向，以财政政策、货币政策和产业政策为主要手段，就业、投资、消费、环保、区域发展等政策紧密配合，确保国民经济持续稳定健康发展，确保国家战略目标、战略任务和战略意图的实现。具体来说，与传统的宏观经济治理体系不同，现代化的宏观经济治理更加注重发挥国家发展规划的战略导向作用，更加注重宏观调控的前瞻性、科学性、可行性、公平性，更加注重完善财政政策、货币政策和产业政策的政策手段和政策工具，更加注重加强政策之间的协调配合，既发挥财政政策、货币政策和产业政策的主导作用，同时又提高财政政策、货币政策、产业政策与投资政策、科技创新政策、环保政策、区域发展政策、收入分配政策等政策的协调配合水平，更加注重合理引导市场预期，管控产业和经济风险，更加注重运用大数据、互联网、云计算、区块链、人工智能等现代化、信息化、智能化等技术手段来提升治理能力和治理水平，更加注重国际宏观政策协调，积极主动与国际社会就宏观经济政策进行协调沟通，积极参与全球经济治理建设，积极参与打造人类命运共同体，推动国际经贸规则向更为公平合理、更为自由便利的方向发展。

第二节 现代化经济体系的主要特征

如前所述，现代化经济体系是能够有效反映现代化要求，推动现代化实现并保证现代化有序运行的经济体系。建设现代化经济体系，就是要推动经济发展动力从传统要素驱动向创新驱动，从结构不合理向结构高度优化，从低效益、低质量向高效益、高质量的转变，转变发展方式、优化经济结构、转换增长动力。从发展动力机制和本质属性看，现代化经济体系具有以下重要特征。

一 创新成为推动经济发展的第一动力

传统经济体系下重物质、资本、要素等"硬件"投入，轻科技研发等"软件"投入，工业化和经济发展主要依靠增加土地、劳动力和资本等要素投入，而科技投入严重不足，自主创新能力提高步履缓慢，技术创新对工业化和经济发展的作用十分有限，全要素生产率与国际先进水平相比差距大，产业发展的关键核心技术、关键核心装备和核心基础零部件对外依存度大。与传统经济体系相反，现代化经济体系重视科学技术在推动工业化和经济发展中的巨大作用，从一开始就把提高自主创新能力，加快提升产业技术水平作为推动经济发展的核心原动力，坚持市场需求与政策引导相结合、全面提升与重点突破相结合、长远战略与近期目标相结合、传统产业与高技术产业发展相结合，把科技创新摆到了第一推动力地位，不断加大产业自主创新投入力度,不断优化科技创新的体制机制,不断开发出具有自主知识产权的高技术产品和先进装备,不断推广应用影响产业发展的共性关键技术和具有示范带动作用的先进适用技术,优化生产工艺,不断提升科技创新的产出效率,积极培育和促进新一代信息技术、生物技术、新能源、新材料、高端装备、新能源汽车、绿色环保以及航空航天、海洋装备等战略性新兴技术的产业化、集群化发展,抢占世界科技创新和先进科技成果产业化的制高点,不断提高科技创新对经济增长的贡献率和贡献度,全要素生产率达到国际领先水平,产业发展的关键核心技术、关键核心装备和核心基础零部件实现自主可控、安全高效。换言之,现代化经济体系重视创新驱动和科技进步,重视知识创新,重视发展知识经济、智慧经济、数字经济,充分发挥创新带动经济增长的能力,并以不断的技术创新和技术进步来促进经济发展方式从外延式的粗放型发展方式向内涵式的集约型发展方式转变。

二 经济结构高度优化

传统经济体系下,中国城乡差距大,城乡一体化进展缓慢,城乡二元结构不仅没有得到有效缓解,甚至还在某些方面得到强化;产业结构偏重第二产业,第一产业发展基础薄弱,第三产业和高技术产业发展严重滞后,产业链条长期被锁定在低附加值、低技术含量的加工组装环节,产业结构优化升级进展缓慢乏力;在地区结构上,东南沿海地区与中西部地区之间经济社会发展差距不断扩大,区域产业结构趋同,区域间重复建设和低水平竞争比较严重。

与传统经济体系下始终存在且不能有效解决结构不平衡、不协调、不优化等深层次问题不同,现代化经济体系十分注重结构协调,统筹兼顾,强调通过实行城乡一体化、地区发展规划一体化、基础设施一体化、公共服务均等化、劳动就业一体化、社会保障一体化、社会管理一体化来逐步缩小城市与乡镇之间、工业与农业之间和东中西各地区之间的发展差距,实现工农、城乡和地区和谐发展,包容发展；强调通过加快改造提升传统产业，推动传统产业向高端化、智能化、绿色化方向发展，加快发展新一代信息技术产业、生物技术产业、新能源产业、新材料产业、高端装备制造业、新能源汽车产业、绿色环保产业以及航空航天产业、海洋装备制造业等战略性新兴产业，培育壮大研发设计、数字金融、智慧物流等现代服务业，推动产业结构由劳动密集型产业占主导地位向资本密集型产业和技术密集型产业占主导地位跃升，打破产业结构低端锁定，使产业结构不断向高附加值化、高加工度化、高技术化攀升，使整个国民经济实现总量平衡、结构优化、内外均衡。

三 经济发展质量高

传统经济体系下资源、能源和要素消耗大，投入产出比低、经济效益差。在传统经济体系下，中国的单位土地产出率、劳动生产率等仅相当于发达国家同一指标的几分之一，企业盈利能力低。以2020年世界500强企业为例，在汽车产业中，发达国家的头部汽车企业德国大众销售利润率为5.50%，日本丰田6.94%，韩国现代4.80%，而中国头部汽车企业一汽集团只有2.03%、东风汽车只有1.03%；在石油化工产业中，发达国家的头部企业荷兰皇家壳牌销售利润率为4.50%，埃克森美孚为5.41%，而中国中石化只有1.67%，中石油只有1.17%。

与建立在传统比较优势下的传统经济体系不同，现代化经济体系由于紧紧依靠创新驱动，高新技术和先进适用技术在国民经济每个产业及每个产业链环节均得到广泛应用，产业结构实现了高端化、高度化和绿色低碳化，能够高效地利用资源、能源和各种生产要素，用尽可能少的资源、能源和要素投入创造尽可能多的产出，最大限度地降低单位产出的资源、能源和要素占用量与消耗量，从而从根本上克服传统经济体系下的高投入、高消耗、低效益、低质量的弊端，实现整个国民经济发展的高效益、高质量与低碳环保。

四 国际竞争力强

在传统经济体系下，中国对外贸易重数量、轻质量，重加工贸易、轻一般贸易，重对外货物贸易、轻对外服务贸易，重引进外资数量、轻引进外资质量，重引进外资、轻对外投资，产业国际竞争力特别是高端产业国际竞争力弱，长期处于全球产业链价值链的中低端，在世界产业和经济治理中缺乏话语权。现代化经济体系要突破中国在国际产业分工中的"低端锁定"，不断提升产业基础高级化和产业链现代化水平，不断提高产业国际竞争力，不断提升中国在国际产业分工中的地位，改变主要依靠OEM（原始设备制造商）方式参与全球产业链分工的局面，培育一大批具有全球资源要素产业整合力和产业治理话语权的大型跨国企业，培育形成参与国际竞争的持久竞争能力优势和发展能力优势，打造一大批达到世界领先水平的、处于全球产业链和价值链高端地位的产业集群，推动从中国制造走向中国创造、中国智造，从中国速度走向中国质量，从中国产品走向中国品牌。

五 资源环境消耗强度低

传统经济体系下把增长作为衡量发展的主要标志，把GDP增长和物质财富的增加作为发展的唯一目标，而无视自然界自身的发展规律，忽视对生态环境的保护及其价值，经济增长的资源环境消耗强度大，发展缺乏可持续性。在传统经济体系下，中国的生态环境状况严峻，经济发展与生态环境之间兼容性比较差。现代化经济体系从一开始就重视资源环境的经济价值、生态价值、精神价值和社会价值，把良好的生态环境看作是"金山""银山"，强调环境友好、资源节约、生态平衡，注重有效利用资源，有效保护生态环境，积极推广应用高效低毒的新型农业化学技术、节省材料的增材制造技术、节能降耗的能源资源利用技术、可再生能源相关技术等绿色低碳技术，尽可能地提高能源资源开发利用效率，有效控制能源资源消耗，减少污染物的排放总量，持续改善生态环境质量，构建更加牢固的生态安全屏障，提高经济发展的可持续性，城乡人居环境得到明显改善。

六 发展成果全民共享

传统经济体系下强调效率优先、兼顾公平，结果造成经济发展过程中居民之间收入差距大，社会民生短板多，人民群众日益增长的物质文化需求长期得不到有效满足，经济发展成果的全民分享性差。与传统经济体系不同，现代化经济体系建设从一开始就把人民拥护不拥护、赞成不赞成、答应不答应、满意不满意作为工业化和经济发展工作得失成败的根本标准，把满足人的基本需要、提高人的尊严、扩大人的选择自由、增加全体国民的生活水准和社会福祉、促进人的全面发展作为推进现代化经济体系建设的出发点和落脚点，坚持以人为本，突出人的主体地位，使经济发展成果由全体人民共享，提升全体人民的生活质量与幸福指数，将实现人的全面发展与人的现代化作为经济社会发展的重要内容和重要目标，提高人民群众的收入水平，保障人民群众的基本需要，积极满足人民群众高层次的对美好生活的需要，为人民群众提供更多的舒适空间和社会福利，使工业化和经济发展的成果更好地惠及全体国民，保障全体国民的生活质量和生活水准随着工业化发展水平的提高不断改善。正如党的十九届五中全会指出的，包括现代化经济体系建设在内的新时代社会主义现代化强国建设要始终做到：发展是为了人民，发展要依靠人民，发展成果要由全民来共享，要维护好人民群众的根本利益，激发全体人民建设社会主义的积极性、主动性、创造性，促进社会公平正义，增进全民福祉，不断满足人民群众对美好生活的向往和追求。

七 工业化与信息化、数字化融合发展程度高

在传统经济体系下，资本、劳动力和技术等投入要素构成工业化和经济发展的核心要素，信息资源、数字资源仅仅作为辅助要素而存在，且影响甚小。在现代化经济体系下，信息技术、数字技术已在全球企业和产业中迅速扩散和渗透，信息网络技术和数字化、智能化技

术对提升产业技术水平、创新产业形态、推动经济社会发展发挥着越来越重要的作用，信息网络技术和数字化、智能化技术已成为经济增长的"倍增器"、发展方式的"转换器"、产业升级的"助推器"、工业化和经济发展的"加速器"，以信息和知识的数字化为基础、以工业互联网为主要载体，以数字化、网络化、智能化技术为主要工具，包括数字化设计、数字化工艺、数字化加工、数字化装配、数字化管理、数字化检测、数字化试验、数字化营销等高度信息化、数字化的生产制造方式成为推动工业化和经济发展的重要力量，工业化与信息化、数字化在高度融合中不断推动工业化和经济发展的质量变革、效率变革、动力变革。

第三章　建设现代化经济体系的主要成就和突出问题

现代化经济体系是一个有机整体，它既包括社会经济活动的各环节、各层面、各领域，也包括产业体系、市场体系、开放体系、制度体系等内容。近年来，中国现代化经济体系建设所取得的主要成就包括：经济实力显著增长，产业结构持续优化，创新能力不断积聚，城乡区域发展更加协调，节能减耗成效巨大，营商环境不断优化，新型基础设施迅猛发展，国际合作深度拓展。当前，中国现代化经济体系建设面临的突出问题包括：全要素生产率仍有待提升，产业结构仍有待转型升级，自主创新能力仍有待增强，全球价值链地位仍有待攀升，对资源的依赖程度仍有待降低，智能制造发展水平仍有差距，制度性交易成本仍有待降低，要素供给的结构性矛盾仍有待解决。

第一节　建设现代化经济体系取得的主要成就

习近平总书记指出，现代化经济体系是"由社会经济活动各个环节、各个层面、各个领域的相互关系和内在联系构成的一个有机整体"（宋光茂、韩保江，2020）。它包括产业体系、市场体系、收入分配体系、城乡区域发展体系、绿色发展体系、全面开放体系、经济体制等内容（吕松涛，2020）。对中国而言，分析现代化经济体系建设所取得的主要成就，可以从实体经济、产业体系、创新驱动、城乡区域协调发展、绿色发展、营商环境、新型基础设施、国际合作等方面展开。

第三章 建设现代化经济体系的主要成就和突出问题

一 经济实力显著增强

实体经济是现代化经济体系建设的坚实基础。党的十九大报告明确指出,建设现代化经济体系,必须坚持"把发展经济的着力点放在实体经济上"。党的二十大报告进一步指出,要加快建设现代化经济体系,"推动经济实现质的有效提升和量的合理增长"。由此可见,实体经济兴则现代化经济体系兴,实体经济强则现代化经济体系强。对中国而言,改革开放 40 多年来,在现代化经济体系建设过程中,实体经济虽然经历了一定程度的波动,但总体上仍保持着较高的增长态势,从而"创造了第二次世界大战结束后一个国家经济高速增长持续时间最长的奇迹"(高建昆、程恩富,2018)。如表 3-1 所示,1980—2021 年间,中国实际 GDP 年均增速为 9.23%,而同期美国为 2.56%、日本为 1.72%、英国为 1.97%、德国为 1.61%。到 2021 年底,中国 GDP 达到 17.74 万亿美元,在全球 GDP 中的比重为 18.45%,仅次于美国的 23 万亿美元和 23.93%,高于日本的 4.93 万亿美元和 5.14%。当年,中国人均 GDP 尽管低于美国的 7.02 万美元和日本的 3.93 万美元,但自 2019 年首次突破 1 万美元后稳步增长,为 1.26 万美元。可见,中国经济总量和综合实力显著增强。

表 3-1　1980—2021 年不同国家实际 GDP 增长率及 GDP 占全球的比重

年份	实际 GDP 增长率(%)					GDP 占全球的比重(%)				
	中国	美国	日本	英国	德国	中国	美国	日本	英国	德国
1980	7.91	-0.26	3.18	-2.06	1.27	1.69	25.21	9.75	4.98	8.38
1985	13.50	4.17	5.23	4.13	2.19	2.41	33.74	10.88	3.80	5.70
1990	3.89	1.89	4.89	0.63	5.72	1.58	26.18	13.75	4.80	7.78
1995	10.97	2.68	2.63	2.44	1.54	2.37	24.61	17.86	4.34	8.33
2000	8.47	4.08	2.77	3.67	2.90	3.58	30.30	14.69	4.91	5.76
2005	11.39	3.48	1.80	2.59	0.73	4.78	27.29	10.11	5.33	5.96
2010	10.61	2.71	4.10	2.13	4.19	9.14	22.60	8.65	3.74	5.10
2011	9.55	1.55	0.02	1.46	3.91	10.22	21.12	8.44	3.62	5.08

续表

年份	实际GDP增长率（%）					GDP占全球的比重（%）				
	中国	美国	日本	英国	德国	中国	美国	日本	英国	德国
2012	7.85	2.28	1.38	1.47	0.43	11.30	21.53	8.31	3.60	4.67
2013	7.77	1.84	2.01	1.89	0.43	12.33	21.70	6.72	3.61	4.81
2014	7.39	2.29	0.30	2.99	2.22	13.14	22.02	6.14	3.87	4.88
2015	7.02	2.71	1.56	2.62	1.49	14.71	24.22	5.91	3.93	4.47
2016	6.85	1.67	0.75	2.26	2.23	14.69	24.45	6.54	3.56	4.54
2017	6.95	2.26	1.68	2.13	2.68	15.12	23.93	6.06	3.32	4.53
2018	6.75	2.92	0.64	1.65	0.98	16.08	23.75	5.83	3.36	4.60
2019	5.95	2.29	-0.36	1.67	1.05	16.29	24.38	5.85	3.28	4.44
2020	2.24	-3.41	-4.62	-9.27	-3.69	17.30	24.61	5.94	3.25	4.53
2021	8.08	5.67	1.66	7.44	2.63	18.45	23.93	5.14	3.32	4.39

资料来源：Wind。

二 产业结构持续优化

产业体系是现代化经济体系建设的内在要义。党的十九大报告明确指出，"要着力加快建设实体经济、科技创新、现代金融、人力资源协同发展的产业体系"。"十四五"规划紧接着提出，要"加快发展现代产业体系"。党的二十大报告则进一步指出，"建设现代化产业体系"就是要"推进新型工业化""推动战略性新兴产业融合集群发展""构建优质高效的服务业新体系""加快发展数字经济"。对中国而言，改革开放40多年来，产业结构已经发生了深刻变化，在推动中国从落后的农业国演进为世界第一制造业大国中产生了积极作用。从三次产业结构变动的角度看，1978年，中国第一产业、第二产业、第三产业生产总值在GDP中的比重分别为27.69%、47.71%、24.6%，到2022年，则分别演变为7.3%、39.92%、52.78%。从产业门类的角度看，中国已成为拥有联合国产业分类中全部工业门类的国家，制造业增加值自2010年起稳居世界首位，产量居世界第一位的工业品有200多种。如2022年，中国原煤产量为45.6亿吨，钢产量10.18亿吨，水泥产量21.3亿吨，移动通信手持机产量15.61

亿台，微型计算机设备产量 4.34 亿台。从新兴经济的角度看，2021年，中国三新经济增加值达到了 19.73 万亿元，在 GDP 中的比重为17.25%，分别比 2016 年增长了 73.67 个百分点、1.95 个百分点。其中，第一产业、第二产业、第三产业内的三新经济增加值分别为0.79 万亿元、8.75 万亿元、10.19 万亿元，分别比 2016 年增长了35.71 个百分点、80.42 个百分点、71.88 个百分点（见图 3-1）。

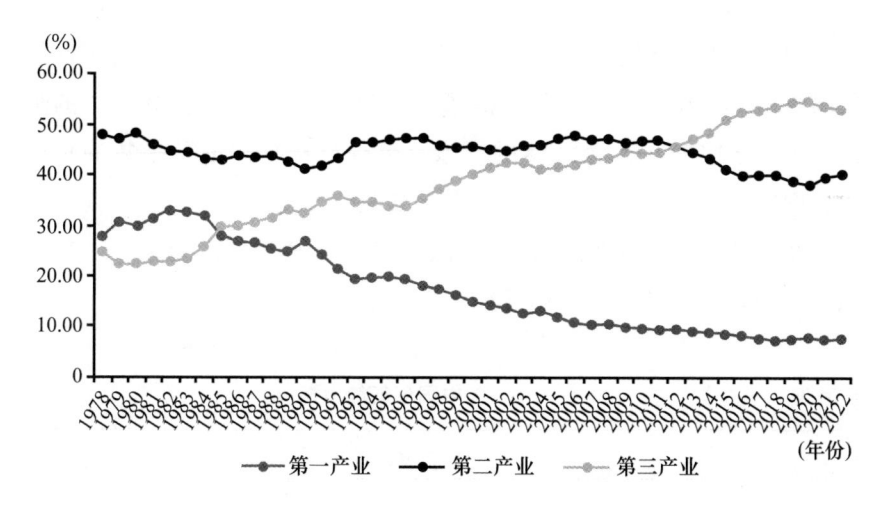

图 3-1　1978—2022 年中国三次产业结构变化情况

资料来源：国家统计局。

三　创新能力不断积聚

创新驱动是现代化经济体系建设的战略支撑。党的十九大报告明确指出，"要不断增强我国经济创新力和竞争力"。"十四五"规划紧接着指出，要"坚持创新驱动发展，全面塑造发展新优势"。党的二十大报告则进一步提出，要"加快实施创新驱动发展战略"。对中国而言，改革开放 40 多年来，创新能力不断积聚，有效保证了中国在"载人航天、探月探火、深海深地探测、超级计算机、卫星导航、量子信息、核电技术、新能源技术、大飞机制造、生物医药"等诸多领域取得重大成果。从创新投入的角度看，2005年，中国研发人员和研发经费分别为136万人年、0.25万亿元，到2021年，分别变为571.63万人年和2.8万亿元。从创新产出的角度看，2005年，中国发表科技论文和出版科技著作分别为94万篇、4.01万种，专利申请数和授权数分别为47.63万件、21.4万件，到2021年，分别变为203.42万篇、5.06万种、524.36万件、460.15万件。从全球创新指数的角度看，世界知识产权组织（WIPO）发布的最新数据显示，2022年，中国全球创新指数得分连续多年保持上升势头，当年世界排名为第11位，比2018年提高了6个位次，是排名前30位中的唯一一个属于中等收入经济体的国家。进一步从具体细分指数的角度看，中国在本国人的专利数量、设计数量（工业品外观类）、商标数量以及高技术和创意产品出口等指标上也处于榜单的前列位置（付保宗、周劲，2020）（见表3-2）。

表3-2　　　　　　2005—2021年中国创新能力情况

年份	研发人员	研发经费	研发强度	发表科技论文	出版科技著作	专利申请数	专利授权数
2005	136.5	0.25	1.32	94	4.01	47.63	21.4
2006	150.2	0.3	1.39	106	4.29	57.32	26.8
2007	173.6	0.37	1.4	114	4.31	69.39	35.18
2008	196.5	0.46	1.47	119	4.53	82.83	41.2
2009	229	0.58	1.7	136.1	4.91	97.67	58.2
2010	255.4	0.71	1.76	142	4.56	122.23	81.48
2011	288.3	0.87	1.84	150	4.55	163.33	96.05
2012	324.7	1.03	1.98	151.78	4.68	205.06	125.51
2013	353.3	1.18	2.08	154.46	4.57	237.71	131.3
2014	371.06	1.3	2.03	157	4.75	236.12	130.27
2015	375.88	1.42	2.07	164	5.22	279.85	171.82
2016	387.81	1.57	2.12	165	5.33	346.48	175.38

续表

年份	研发人员	研发经费	研发强度	发表科技论文	出版科技著作	专利申请数	专利授权数
2017	403.36	1.76	2.15	170.09	5.42	369.78	183.64
2018	438.14	1.97	2.14	184.36	5.36	432.31	244.75
2019	480.08	2.21	2.23	195	5.21	438.05	259.16
2020	523.45	2.44	2.4	195.17	4.96	519.42	363.93
2021	571.63	2.8	2.44	203.42	5.06	524.36	460.15

注：研发人员单位为万人年，研发经费单位为万亿元，研发强度单位为%，发表科技论文单位为万篇，出版科技著作为万种，专利申请数和专利授权数单位为万件。

资料来源：国家统计局。

四 城乡区域发展更加协调

城乡区域发展体系是现代化经济体系建设的重要内容。党的十九大报告明确指出，"我国社会主要矛盾已经转化为人民日益增长的美好生活需要和不平衡不充分的发展之间的矛盾"，要"建立更加有效的区域协调发展新机制"。"十四五"规划紧接着指出，要"推动区域协调发展"，"健全城乡融合发展机制"。党的二十大报告则进一步指出，"中国式现代化是全体人民共同富裕的现代化"，而在"促进区域协调发展"的过程中，要"深入实施区域协调发展战略、区域重大战略、主体功能区战略、新型城镇化战略"。对中国而言，改革开放40多年来，随着多个地区协调发展和再定位战略的逐步形成与深入实施（如东部地区的率先发展战略、中部地区的崛起战略、西部地区的大开发战略、东北地区的振兴战略），以及多个重大区域战略的稳步推进和融合互动（如京津冀协同发展战略、长江经济带高质量发展战略、粤港澳大湾区建设规划、长三角区域一体化发展战略、黄河流域生态保护和高质量发展规划、海南全面深化改革开放），中国区域结构更加协调。如图3-2所示，2010年，中国东部地区GDP在全国GDP中的比重为57.22%，到2022年，则逐渐下降为54.09%。

相比之下，中部地区、西部地区 GDP 在全国 GDP 中的比重分别从 2010 年的 24.29%、18.49% 上升为 24.55%、21.35%。

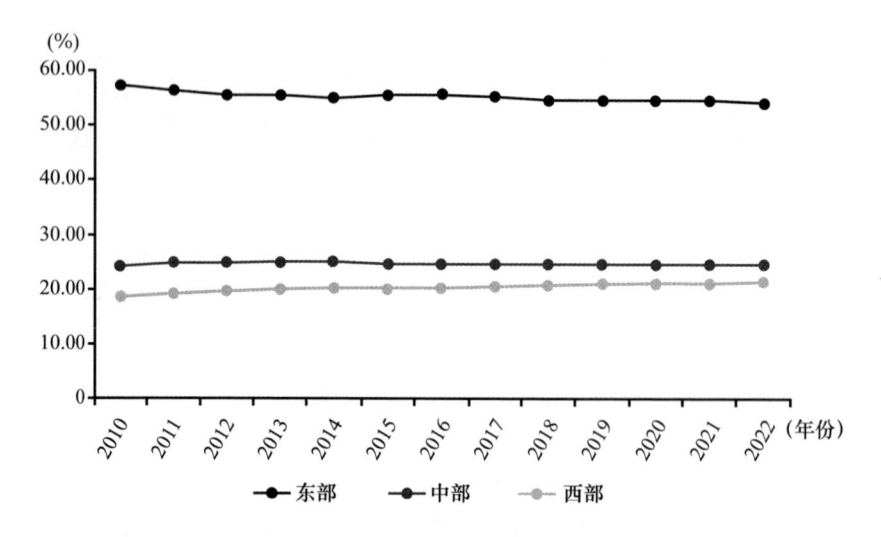

图 3-2 2010—2022 年东中西部 GDP 占比变化情况

资料来源：国家统计局。

与此同时，随着中国市场经济不断发展，户籍制度逐渐松绑，城镇化和新型城镇化稳步推进，城乡之间土地、劳动力、资金等要素市场流动性持续增加，使城乡之间的差距也不断缩小。如从人口流动的角度看，2000 年，中国城镇人口为 4.59 亿人，城镇化率为 36.22%；到 2022 年，中国城镇人口达到 9.21 亿人，城镇化率为 65.22%。从人均可支配收入的角度看，2000 年，中国城镇居民人均可支配收入为 6256 元，而农村居民人均可支配收入为 2282 元，前者是后者的 2.74 倍；到 2021 年，前者增长到 4.74 万元，而后者则增长到 1.89 万元，两者的倍数进一步降低到 2.51 倍（见图 3-3）。

五 节能减耗成效巨大

绿色发展是现代化经济体系建设的重要理念。党的十九大报告明确指出，要"构筑尊崇自然、绿色发展的生态体系"，"实行最严格

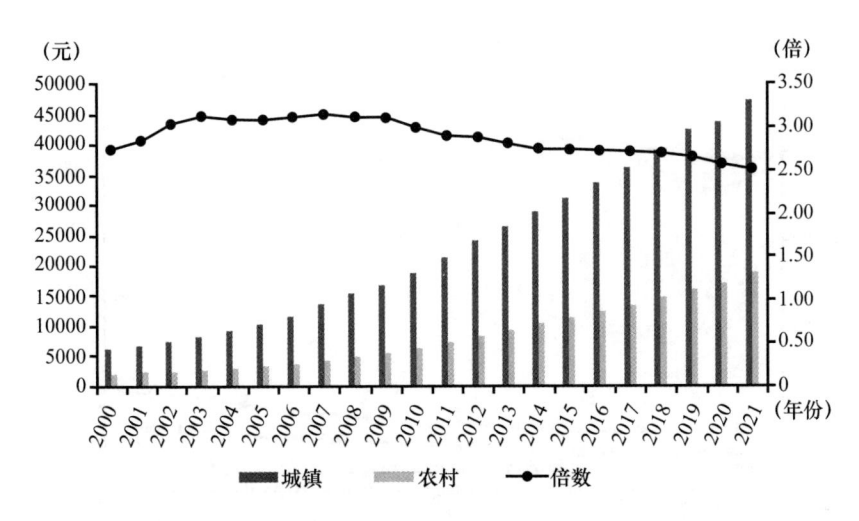

图 3-3 2000—2021 年城镇和农村居民人均可支配收入变化情况
资料来源：国家统计局。

的生态环境保护制度，形成绿色发展方式和生活方式"。"十四五"规划紧接着指出，要"推进能源革命"，"推动能源清洁低碳安全高效利用"。党的二十大报告则进一步指出，要"协同推进降碳、减污、扩绿、增长"，"推进生态优先、节约集约、绿色低碳发展"。对中国而言，改革开放 40 多年来，随着能源技术不断取得进步和节能降耗政策严格落实，能源利用结构持续优化，能源利用效率不断提升。如图 3-4 所示，2000 年，中国能源消费总量为 14.7 亿吨标准煤；到 2021 年，则增长至 52.4 亿吨标准煤。尽管如此，从消费结构的角度看，2000 年，煤炭、石油、一次性电力及其他能源、天然气在中国能源消费总量中的占比依次递减，为 68.5%、22%、7.3%、2.2%；到 2021 年，煤炭和石油占比分别下降至 56%、18.5%，一次性电力及其他能源和天然气占比则分别上升至 16.6%、8.9%。再从能耗的角度看，2000 年，中国单位 GDP 能耗为 0.982 吨标准煤/万元；到 2019 年，则降为 0.555 吨标准煤/万元。

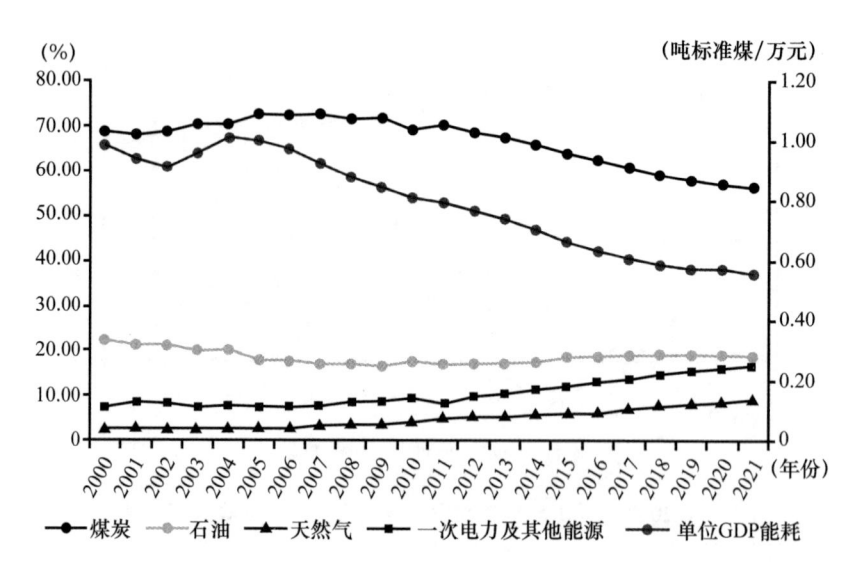

图 3-4 2000—2021 年中国能源消耗情况

资料来源：国家统计局。

六 营商环境不断优化

营商环境是现代化经济体系建设的重要保障。"十四五"规划明确指出，要"持续优化市场化法治化国际化营商环境"。党的二十大报告则进一步指出，要在构建高水平社会主义市场经济体制的过程中，通过"完善产权保护、市场准入、公平竞争、社会信用等市场经济基础制度"等方式优化营商环境；同时，要在推进高水平对外开放过程中，通过减少准入负面清单、降低准入门槛、加强外资保护等方式营造"市场化、法治化、国际化一流营商环境"。近年来，尤其是党的十八大以来，各地区、各部门通过深化"放管服"改革、实施大规模减税降费、加快法治化建设等方式，在解决体制性障碍、机制性梗阻、政策性创新等方面取得了显著成效，有力推动了全国范围内营商环境的持续改善，有效激发了市场主体的发展活力与潜力。如在部分地区，行政审批服务部门持续深化体制机制改革，通过在开办企业环节全面推行"一表填报、一网通办、一窗领取"等新模式,已经实现了"1环节办理""0.5天内办结""0成本支出"的目标。也正是通过大力减少直接干预、积极构建公平竞争的市场环境、持续完善市场监管体制改革、不断优化资源要素的配置效应等方式,中国在全球营商环境排名中稳步前进。如从动态的角度看,在全球营商环境改善最大的经济体排名中,中国已跻身前10名;从静态的角度看,中国在全球营商环境综合指标得分中的排名已从2012年的第91位跃升至2020年的第31位。再以部分指标为例,如表3-3所示,2019年中国创办企业所需时间为8.6天,已低于日本的11.2天;中国企业注册启动程序数量为4项,已少于德国的9项、日本的8项和美国的6项;中国企业通电所需时间为32天,已低于日本的80.9天、美国的89.6天;中国企业筹纳税所需时间为138小时,已低于德国的218小时、韩国的174小时、美国的175小时;中国企业纳税项为7项,已少于德国的9项、日本的19项、韩国的12项、美国的10.6项;中国企业征信信息深度指数为8,已高于日本的6;中国企业信息披露程度的指标值为10,已高于德国的5、日本的7、韩国的8、美国的7.4(付保宗、周劲,2020)。

表3-3　　　　2019年中国营商环境部分指标及国际对比

国家	创办企业所需时间（天）	企业注册启动程序（项）	通电所需时间（天）	筹纳税所需时间（小时）	纳税项（项）	征信信息深度指数	企业信息披露程度
中国	8.6	4	32	138	7	8	10
德国	8	9	28	218	9		5
日本	11.2	8	80.9	128.5	19	6	7
韩国	8	3	13	174	12	8	8
美国	4.2	6	89.6	175	10.6	8	7.4

注：信息披露指数和程度数值越大,表明越有优势。

资料来源：付保宗、周劲：《我国制造业高质量发展步入窗口期》,《宏观经济管理》2020年第5期。

七　新型基础设施迅猛发展

新型基础设施是现代化经济体系建设的重要基石。"十四五"规划明确指出，新型基础设施建设是现代化基础设施体系的重要组成部分，要统筹推进以光纤网络、5G、物联网、数据中心、车联网等为代表的信息基础设施、融合基础设施、创新基础设施建设，也要加快构建与新型基础设施密切相关的标准体系。党的二十大报告则进一步指出，要加快构建现代化基础设施体系，在空间布局、结构优化、功能发挥、系统集成等方面不断取得突破。近年来，在科技革命和产业革命的巨大影响下，中国数字技术进步显著，数字经济蓬勃发展，加上创新平台、智能制造等一系列重大工程的稳步推进等因素，对制造业数据化、信息化、自动化、智能化发展起到了十分显著的促进作用。以工业机器人在制造业中的应用密度指标为例，根据国际机器人联合会公布的数据显示，2021年全球各地区每万名制造业员工所拥有的机器人数量达到141台，而中国则为322台，是全球各地区平均水平的2.28倍，已经超过美国的274台。[①] 从工业机器人安装总量的角度看，中国在占全球总安装量中的比重已从2018年的36.64%提高到2021年的51.84%，超过了欧洲和美洲机器人安装总数。再以5G为例，截至2022年底，中国已建设5G基站231.2万个，5G网络全球规模最大，覆盖全国所有地级市城市、县城城区和超过90%的乡镇镇区。可以预见，未来中国新型基础设施建设速度将不断加快，新技术、新模式、新业态将持续涌现，而伴随数字技术向农业、制造业、服务业的渗透与拓展，规模效应、赋能效应、融合效应、乘数效应等也将不断凸显，会极大地促进中国现代化经济体系提质增效（付保宗、周劲，2020）。

---

① 值得指出的是，韩国、新加坡、日本、德国等国家的每万名制造业员工所拥有的机器人数量高于中国，分别为1000台、670台、399台、397台。

八　国际合作深度拓展

对外开放是现代化经济体系建设的必要条件。党的十九大报告明确指出，"中国坚持对外开放的基本国策，坚持打开国门搞建设"。"十四五"规划紧接着指出，要"坚持实施更大范围、更宽领域、更深层次对外开放，依托中国大市场优势，促进国际合作，实现互利共赢"。党的二十大报告则进一步指出，要依托中国超大规模市场优势，在"双循环"中形成两个市场与两种资源的有效联动，广泛吸引全球要素，着力提升经贸合作质量，进一步提高中国对外开放水平。对中国而言，改革开放40多年来，从大规模"引进来"到大踏步"走出去"，从共建"一带一路"到签署全域全面经济伙伴关系协定，中国对外开放的广度和深度不断拓展。如从贸易的角度看，2000年，中国进出口贸易总额为4742.97亿美元，其中，出口额为2492.03亿美元，进口额为2250.94亿美元；到2022年，中国进出口贸易总额增长到6.31万亿美元，其中，出口额增长到3.59万亿美元，进口额增长到2.72万亿美元。从外资的角度看，2006年，中国实际利用外资额为658.21亿美元，当年对外直接投资额为211.6亿美元；到2021年，中国实际利用外资额增长到1734.8亿美元，当年对外直接投资额增长到1788.2亿美元（见图3-5）。

第二节　建设现代化经济体系面临的突出问题

尽管在建设现代化经济体系过程中，中国取得了巨大成就，但也遇到了一些新问题、新情况，这些新问题、新情况形成了未来进一步构建现代化经济体系的限制性条件，需要引起注意。概括来讲，主要包括全要素生产率仍有待提升、产业结构仍有待转型升级、自主创新能力仍有待增强、全球价值链地位仍有待攀升、对资源的依赖度仍有待降低、智能制造发展水平仍有差距、要素供给的结构性矛盾仍有待解决。

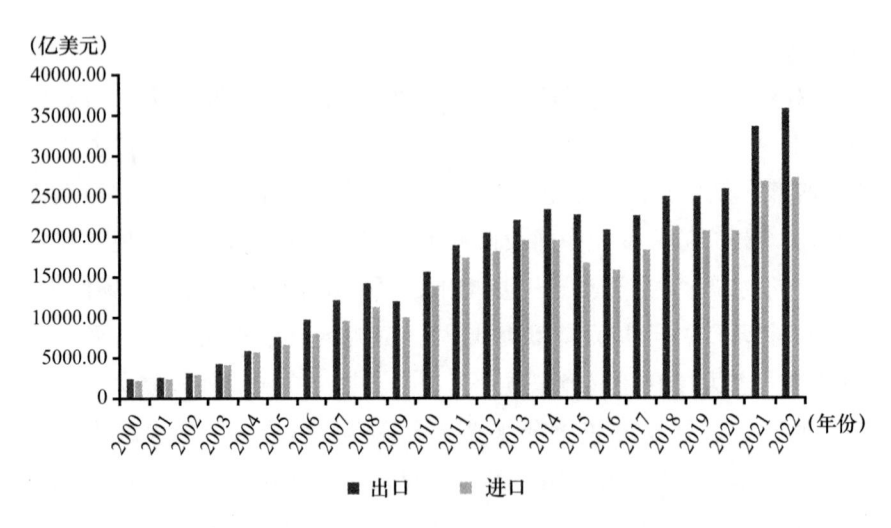

图 3-5　2000—2022 年中国贸易进出口情况

资料来源：国家统计局。

一　全要素生产率仍有待提升

在建设现代化经济体系过程中，中国经济实力显著增强，但从全要素生产率的角度看，驱动现代化经济体系建设的动能却有放缓的趋势。由图 3-6 可见，以美国全要素生产率为基准，中国全要素生产率与发达国家相比，均存在较大差距。如 1978—2019 年，中国全要素生产率均值为 0.4，而日本、英国、德国的全要素生产率均值分别为 0.72、0.89、0.91。与此同时，中国全要素生产率在经过多年波动上升趋势后，从 2012 年开始呈现下降趋势。如 2012 年中国全要素生产率为 0.43，到 2019 年则下降为 0.40。相比之下，近年来中国与发达国家全要素生产率的差距也在不断扩大。如 2016 年，日本、英国、德国的全要素生产率分别是中国全要素生产率的 1.59 倍、1.87 倍、2.22 倍，到 2019 年则分别上升至 1.63 倍、1.95 倍、2.3 倍。

二　产业结构仍有待转型升级

在建设现代化经济体系过程中，中国产业结构持续优化，但目

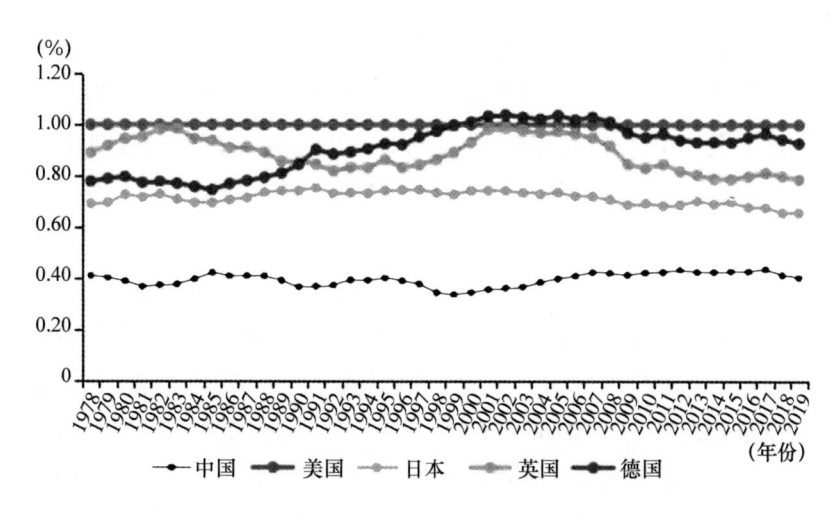

图 3-6　1978—2019 年不同国家全要素生产率

注：以现价计；美国为 1。

资料来源：Wind，格罗宁根大学。

前，中国产业整体层次仍然偏低，包括服务业比重偏低但呈现出低端厮杀的失衡现象、制造业非均衡发展且缺乏竞争优势等问题较为突出。与此同时，中国产业结构不合理还突出反映在传统产业和重化工业比重较高、结构性生产过剩较为严重、"僵尸企业"广泛存在、规模效益明显行业的集中度较低等方面。如在制造业，供需结构性失衡问题比较突出，低端供给过剩、高端供给不足，在一些行业存在产能严重过剩的同时，大量关键装备、核心技术和高端产品还不能满足市场需求。化肥、水泥、焦炭等重化工业以及卷烟、电冰箱、空调、彩电等轻工业的产能利用率低于 70%，钢铁、电解铝、平板玻璃、船舶等行业的产能利用率低于 75%；太阳能光伏、风电制造、机器人、碳纤维、LED 等部分新兴行业，由于地方政府的不当干预，大量资本短时间进入产业低端环节，也出现了产能过剩现象。根据 OECD 的估算，2014 年中国在贡献全球 GDP 的 13.3% 的同时，也贡献了全球过剩产能的 37%，是 GDP 占全球比重的近 3 倍（余东华，2020）。

不仅如此，产业结构的问题还突出表现在产业融合发展的程度和效益较低方面。尽管近年来，中国产业融合发展取得了长足进步，但与发达国家相比，产业融合发展的程度和效益仍然较低。如在制造业投入服务化水平上，2000—2014年间，中国仅在10%左右，而美国则在16%以上，两者相差6个百分点以上；进一步地，在先进制造业投入现代服务化水平上，中国仅在4%左右，而美国则在7%左右，两者相差3个百分点以上（郭朝先，2019）。再如，在制造业产出服务化水平上，与发达国家相比，中国仍处于较为落后的位置。据德勤针对装备制造业企业的一份研究报告显示：近年来，服务化趋势已经席卷全球范围内装备制造业企业，特别是国防航空、汽车制造、电子信息、生物医药等行业，它们的营业收入中与提供服务直接相关的收入占比分别约为47%、37%、19%、21%，其中，营业收入处于最高水平的前10%企业，该项占比均超过50%；相比之下，在中国装备制造业企业中，78%的企业营业收入中与提供服务直接相关的收入占比不足10%，而仅有6%的企业在该项占比上超过20%（郭朝先，2019）。

三　自主创新能力仍有待增强

在建设现代化经济体系过程中，中国创新能力不断积聚，但自主创新能力仍有待进一步增强。从研发强度的角度看（见表3-4），尽管在2020年，中国研发强度同比上升了0.17个百分点，达到了2.40%，但与美国的3.45%、德国3.13%、日本的3.27%、韩国的4.81%相比，仍存在较大差距。从专利质量的角度看，尽管中国已成为专利大国，但现实情况在于，很多地方政府为了政绩考核的需要，竞相陷入"创新崇拜"和"专利竞赛"，出台了名目繁多的政策措施用以资助、补贴和奖励专利申请，由此导致了专利申请动机的扭曲，从而出现了一种"重专利数量、轻专利质量"的倾向。因此，中国与真正意义上的专利强国、知识产权强国、创新型强国相比仍存在较大距离。从核心技术的角度看，目前中国仍然存在着较为广泛的核心技术"空心化"现象，许多产业技术的对外依存度超过50%，技术上"卡脖子"的局面未有根本性的改变（余泳泽、胡山，2018）。

表 3-4　　　　2010—2020 年不同国家研发强度对比　　　　（单位：%）

年份	中国	美国	日本	英国	德国	韩国
2010	1.71	2.71	3.10	1.64	2.73	3.32
2011	1.78	2.74	3.21	1.64	2.81	3.59
2012	1.91	2.67	3.17	1.57	2.88	3.85
2013	2.00	2.70	3.28	1.61	2.84	3.95
2014	2.02	2.72	3.37	1.63	2.88	4.08
2015	2.06	2.79	3.24	1.63	2.93	3.98
2016	2.10	2.85	3.11	1.65	2.94	3.99
2017	2.12	2.91	3.17	1.66	3.05	4.29
2018	2.14	3.01	3.22	1.71	3.11	4.52
2019	2.23	3.18	3.21	1.71	3.17	4.63
2020	2.40	3.45	3.27	—	3.13	4.81

资料来源：OECD。

再从另一个角度看，尽管近年来，中国制造业企业和软件服务企业的系统集成能力有所增强，但在关键共性技术领域的缺失问题突出，核心材料、核心部件、核心设备、核心工艺、核心算法等领域核心竞争力不足，高度依赖发达国家、高度依赖进口、高度落后前沿，从而严重影响了中国相关产业的战略安全性，尤其在当前日益复杂的国际形势下（王洪涛、陆铭，2020）。如在基础软件系统领域，目前中国多数企业所使用的仍是国外软件系统和基础操作系统，包括设计、数据库、控制、管理等细分领域的软件开发和系统开发高地仍在欧美等发达国家，这也使得中国众多高端产品（如数控机床、工业机器人等）面临着较强的外部约束和风险。再以芯片产业链为例，设计环节的核心 IP、高端处理器技术主要掌握在美国、英国、韩国等发达国家手中，制造环节的光刻胶、光掩膜等材料和离子注入机、电子蚀刻等设备主要掌握在日本、美国、荷兰等发达国家手中，而伴随着相关国家对中国芯片技术的打压、遏制、阻断,已经对中国芯片产业的发展造成较大影响。不仅如此,中国其他产业发展也遭受了巨大冲击,相关企业面临着技术上的随时"断供""断链"危机。

四 全球价值链地位仍有待攀升

在建设现代化经济体系过程中,中国企业不断向全球价值链的中高端位置攀升,但原本处于中高端位置的发达国家的跨国公司也在持续"进化"。不仅如此,当前全球产业链、供应链正发生着深刻变化,且在朝着不利于中国企业高质量发展的方向演变,因此,中国多数企业在短期内跳出"被锁定"的"怪圈"的难度较大(王洪涛、陆铭,2020)。如张慧明和蔡银寅(2015)针对全球22个制造业细分行业的一项研究结果表明,中国仅有3个行业是上垂直型制造业,处于全球价值链的高端位置,分别是食品加工制造业,造纸及纸制品业,木材加工及木、竹、藤、棕草制品业;相比之下,却有12个行业处于全球价值链的低端位置,分别是饮料制造业,印刷和记录媒介的复制业,专用设备制造业,医药制造业,橡胶制品业,塑料制品业,金属制品业,普通机械制造业,电气机械及器材制造业,仪器仪表及文化、办公用机械制造业,化学纤维制造业,非金属矿物制造业。据国家统计局数据显示,2019年中国中低端制造业增加值占全部制造业增加值中的比重达到82%,相比之下,高端制造业增加值的比重仅为18%。进一步从高技术制造业的角度和规模以上工业增加值的口径看,这一比重更低,仅为14.4%。可见,中国制造业发展尽管取得了巨大成效,但长期嵌入全球价值链低端位置,从事附加值不高的生产、加工等环节,目前还远未能从中跃迁出来,进而从事附加值较高的研发、设计等环节。

五 对资源的依赖度仍有待降低

在建设现代化经济体系过程中,伴随绿色低碳发展理念下相关限制性政策的持续出台和节能环保技术的不断进步,中国多数行业的能源资源利用水平大幅提升，水效、能效显著提高，废水、废气等主要污染物的排放逐渐减少。然而，受多重因素影响，中国产业发展对能源资源的依赖性仍会较强，在短时间内出现根本性转变并追上国际先进水平的难度较高，在资源能源利用率等指标上与发达国家相比仍存在一定差距。（付保宗、周劲，2020；王洪涛、陆铭，2020）。2019年，中国单位GDP的二氧化碳排放量（按2015年美元计算）为0.75千克，尽管同比减少0.03千克，但分别是美国、德国、日本等国家的3.1倍、4.1倍、3.16倍。2020年，中国GDP中自然资源租金总额占比为1.09%，分别比美国、英国、德国、日本和韩国高出0.67个百分点、0.7个百分点、1个百分点、0.9个百分点和0.9个百分点（见表3-5）。其中，石油、矿产等自然资源租金占比虽然显著低于世界平均水平，但却显著高于美国、日本、德国等主要发达国家。与此同时，据国际能源署数据显示，中国制造业能源消耗强度较高，2017年为8.2，分别是美国、日本、德国、英国、韩国的1.46倍、1.78倍、2.34倍、1.91倍、1.64倍（王洪涛、陆铭，2020）。这也意味着中国制造业绿色低碳发展在未来还有很长一段路要走。

表3-5 2010—2020年不同国家自然资源租金总额占GDP的比重 （单位：%）

年份	中国	美国	日本	英国	德国	韩国
2010	6.30	1.00	0.02	0.98	0.20	0.03
2011	7.68	1.33	0.02	1.15	0.23	0.03
2012	4.15	0.86	0.02	0.94	0.16	0.05
2013	3.03	0.81	0.03	0.76	0.12	0.03
2014	2.31	0.68	0.03	0.59	0.10	0.02
2015	1.18	0.24	0.02	0.33	0.08	0.02
2016	1.06	0.30	0.02	0.28	0.06	0.02
2017	1.33	0.44	0.04	0.42	0.07	0.02
2018	1.48	0.67	0.03	0.66	0.09	0.02

续表

年份	中国	美国	日本	英国	德国	韩国
2019	1.14	0.57	0.09	0.58	0.09	0.10
2020	1.09	0.42	0.10	0.39	0.09	0.10

资料来源：世界银行。

六 智能制造发展水平仍有差距

在建设现代化经济体系过程中，随着中国各级政府出台了一系列促进智能制造的政策举措，智能制造总体发展水平开始逐渐奔向前列，然而，与发达国家相比，目前仍存在一定差距。如2005—2015年间，在G20国家制造业智能化指数排名中，中国排名第五位，均值为8.56，属于智能制造发展水平相对较高的第一梯队国家。但与第一梯队中的其他国家相比，如韩国的17.65、日本的9.92、德国的9.73、美国的8.78，中国智能制造发展水平显然还处于稍微落后的地位。当然，这种差距也体现在不同行业的智能制造发展水平上。如2005—2015年间，中国制造业分行业智能化指数中仅有2个行业处于高智能化水平，平均值超过10，分别是计算机、电子和光学产品行业的45.87，机械设备行业的16.7；仅有3个行业处于中等智能化水平，平均值在5—10之间，分别是电气设备行业的9.9，其他运输设备行业的7.33，汽车、挂车及半挂车行业的6.36；以金属制品、纸制品和印刷品、化学和制药产品等为代表的剩余11个行业处于低智能化水平，平均值都小于5。其中，食品、饮料和烟草行业的平均值最低，仅为0.32。相比之下，美国分别有5个行业处于高智能化水平，3个行业处于中等智能化水平，8个行业处于低智能化水平；而韩国分别有4个行业处于高智能化水平，3个行业处于中等智能化水平，9个行业处于低智能化水平。进一步地，如果去掉处于高智能化水平的两个行业，中国制造业智能化指数均值将会出现较大降幅，排名甚至会落后于英国、意大利、法国等老牌工业化国家（王媛媛、张华荣，2020），见图3-7、图3-8。

第三章 建设现代化经济体系的主要成就和突出问题

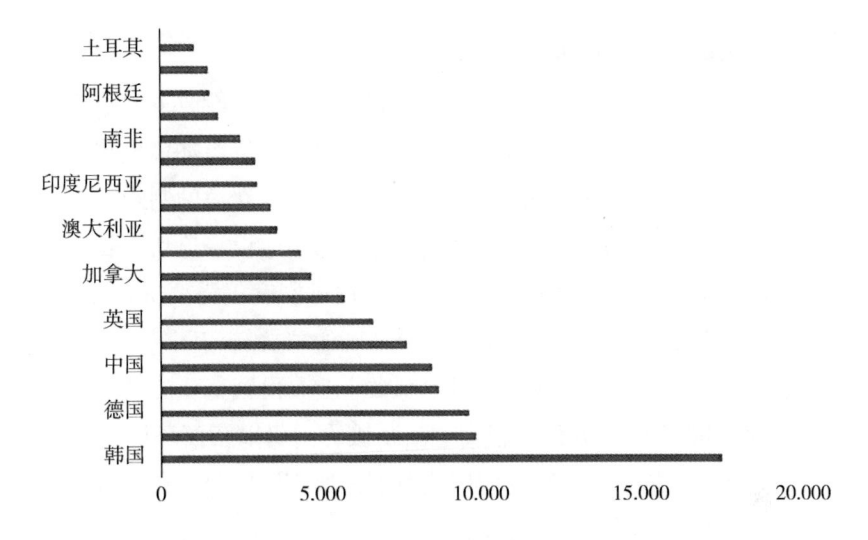

图 3-7 2005—2015 年不同国家制造业智能化指数均值

资料来源：王媛媛、张华荣：《G20 国家智能制造发展水平比较分析》，《数量经济技术经济研究》2020 年第 9 期。

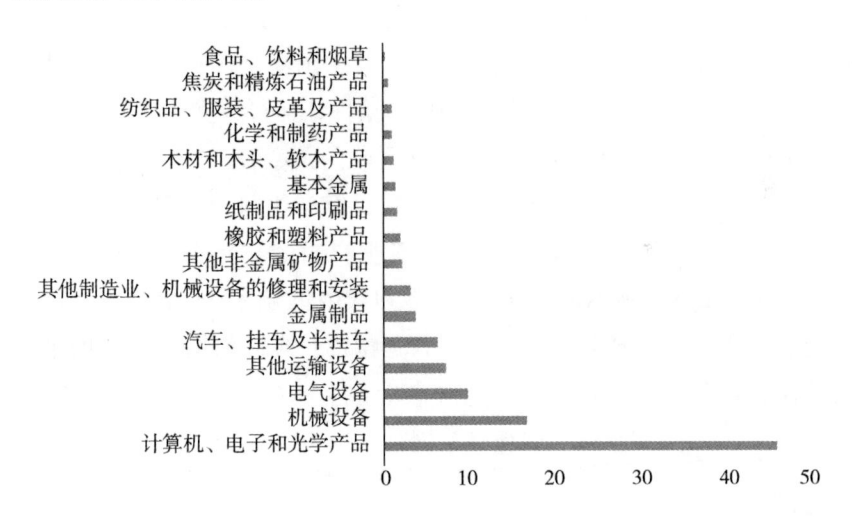

图 3-8 2005—2015 年中国制造业分行业智能化指数均值

资料来源：王媛媛、张华荣：《G20 国家智能制造发展水平比较分析》，《数量经济技术经济研究》2020 年第 9 期。

七 制度性交易成本仍有待降低

在建设现代化经济体系过程中，随着供给侧结构性改革的一系列政策措施取得积极成效，中国营商便利度大幅提升，营商环境也在持续优化。然而，包括市场环境、政务环境、法治环境等在内的制约因素仍然广泛存在，在一定程度上制约了现代化经济体系建设，迫切需要进一步优化。如在市场准入方面，一些不合理的规章制度仍需要进一步清理，相关材料和程度仍需进一步缩减，部分地区的"旋转门""玻璃门"等隐性壁垒仍需要进一步消除，针对中小微企业、民营企业的歧视性行为（包括显性和隐性两个方面）仍需进一步破除。仍以营商环境部分指标为例，从进入的角度看，尽管中国企业创办所需时间已大幅优化至8.6天，但与德国、韩国、美国等发达国家相比仍有差距，后三者企业创办所需时间分别为8天、8天、4天。从退出的角度看，尽管中国企业完成破产所需时间已大幅优化至1.7年，但与德国、日本、韩国、美国相比仍有差距，后四者企业完成破产所需时间分别为1.2年、0.6年、1.5年、1年。从法律保护的角度看，尽管中国法律权利力度指数已大幅优化至4，但与德国、日本、韩国、美国相比仍有差距，后四者法律权利力度指数分别为6、5、5、11。从税收的角度看，尽管中国总税率占商业利润的比重已大幅优化至59.2%，但与德国、日本、韩国、美国相比仍有差距，后四者总税率占商业利润的比重分别为48.8%、46.7%、33.2%、36.6%；与此同时，尽管中国劳动税和缴费占商业利润的比重已大幅优化至46.2%，但与德国、日本、韩国、美国相比仍有差距，后四者劳动税和缴费占商业利润的比重分别为21.5%、18.6%、13.7%、9.8%（付保宗、周劲，2020），见表3-6。

表3-6　2019年中国营商环境部分指标及国际对比

国家	法律权利力度指数	总税率占商业利润的比重（%）	劳动税和缴费占商业利润的比重（%）	完成破产所需时间（年）
中国	4	59.2	46.2	1.7

续表

国家	法律权利力度指数	总税率占商业利润的比重（％）	劳动税和缴费占商业利润的比重（％）	完成破产所需时间（年）
德国	6	48.8	21.5	1.2
日本	5	46.7	18.6	0.6
韩国	5	33.2	13.7	1.5
美国	11	36.6	9.8	1

注：法律权利力度指数值越高，表明越有优势。

资料来源：付保宗、周劲：《我国制造业高质量发展步入窗口期》，《宏观经济管理》2020年第5期。

八 要素供给的结构性矛盾仍有待解决

在建设现代化经济体系过程中，中国劳动就业人口数量仍保持在高位，但近年来，中国人口在规模和结构上已出现较大变化，总量减少和老龄化的趋势正在凸显。如2022年，中国60周岁及以上年龄的人口数量达2.8亿人，在总人口中的比重为19.8％，同比上升了0.9个百分点。其中，65周岁及以上年龄的人口数量为2.1亿人，在总人口中的比重为14.9％，同比上升了0.7个百分点。研究者们普遍预测，未来中国老龄化增速可能会不断加快，意味着中国将会在更早时间内进入中度老龄化社会（付保宗、周劲，2020）。不仅如此，中国适龄劳动人口总量在短时间内的下降趋势似乎也不可避免，也意味着中国过去参与国际竞争所长期依赖的丰富且廉价的劳动力成本优势将会逐步消退。可以预见，伴随信息化、数字化、智能化趋势愈演愈烈，企业在向高端迈进的过程中，必然会增加对高级技工、工程师等的需求度，而相比之下，技能单一、学习能力落后、不熟悉自动化操作的传统产业工人可能会面临被淘汰的风险。尤其是近年来人工智能技术的迅猛发展，已经在很多岗位上实现了完美代替。现实中众多头部高科技企业已经开始大量裁员，已经为要素培育发展敲响了警钟，即未来如果不能有效改变就业观念、增强自身能力，甚至在教育与培训体系上下大力气进行深度改革,即使劳动力数量有较大优势,也不一定能够真正转化为建设现代化经济体系的有效的要素供给,甚至可能会产生负面效应,如阻碍产业转型升级和企业创新发展,最终制约现代化经济体系的建设。

除此之外,要素成本上升过快,也是现代化经济体系建设所要面临的现实问题。如近年来,土地成本、劳动力成本、资金成本、原材料与中间品价格等都呈现较快上涨趋势,使众多市场主体难以为继,被迫将成本上涨压力传递至下游乃至终端,这些都已经在一定程度上对现代化经济体系建设产生了较大的负面影响。以流通领域部分生产资料价格为例,2018年底石油苯(工业级)、无烟煤(2号洗中块)、1/3焦煤、玉米(黄玉米二等)的市场价格分别为4466.7元/吨、1206.7元/吨、1350元/吨、1862元/吨,到2022年底,分别涨至6532.6元/吨、2072.1元/吨、2477.9元/吨、2822.9元/吨,涨幅分别为46.25%、71.72%、83.55%、51.61%。再以土地成本为例,2018年上半年融信中国、龙湖地产、绿城中国的土地储备成本分别为6463元/平方米、4849元/平方米、5239元/平方米,到2022年上半年,分别涨至8087.13元/平方米、9831元/平方米、12881元/平方米,涨幅分别为25.13%、102.74%、145.87%。可以预见,在用地指标成为刚性约束、劳动力成本过快上涨、环保压力日益增大的背景下,中国企业在产品和服务供给价格上的比较优势将会丧失,如果不能在新发展阶段建立新的竞争优势,将不利于建设现代化经济体系。

第四章　建设现代化经济体系的基本思路、主要目标和重点任务

建设现代化经济体系是党中央立足中国发展新阶段现实国情、面对百年未有之大变局、面向"两个一百年"奋斗目标所做出的重大决策部署。党的十九大报告提出:"我国经济已由高速增长阶段转向高质量发展阶段,正处在转变发展方式、优化经济结构、转换增长动力的攻关期,建设现代化经济体系是跨越关口的迫切要求和我国发展的战略目标。"党的二十大报告进一步提出:要"加快建设现代化经济体系,着力提高全要素生产率,着力提升产业链供应链韧性和安全水平"。在此基础上,党的二十大报告明确提出未来五年和到2035年的相关目标:"未来五年是全面建设社会主义现代化国家开局起步的关键时期",要在建设现代化经济体系方面取得重大进展;到2035年,要"建成现代化经济体系,形成新发展格局,基本实现新型工业化、信息化、城镇化、农业现代化"。本章从坚持中国共产党的领导、坚持中国式现代化、坚持高质量发展,坚持五大新发展理念等方面论述建设现代化经济体系的基本思路,认为建设现代化经济体系的主要目标可以分三个阶段推进,而未来一段时间内建设现代化经济体系的重点任务包括大力发展实体经济、扎实推进新型工业化、提升产业发展质量水平、保障产业链供应链安全、推动绿色低碳循环发展等。

第一节 建设现代化经济体系的基本思路

现代化经济体系建设是一个非常复杂的系统工程，因此，其基本思路也需要进行一步步分解。立足党的十九大报告、二十大报告和习近平总书记近年来重要讲话资料，大量研究者针对建设现代化经济体系展开了深入研究。如刘志彪（2018）认为，建设现代化经济体系有四个重点：一是要坚持质量第一、效益优先；二是要立足供给侧结构性改革，推动经济质量实现"三大变革"；三是要建设实体经济、科技创新、现代金融、人力资源协调发展的产业体系；四是要处理好政府和市场的关系，在宏观调控、市场机制等方面加大改革创新力度。季晓南（2018）分别从基本方略、体系保障、改革主线、主攻方向、本质源泉、根本动力六个方面出发，提出了相对应的建设现代化经济体系的六个重点：一是贯彻新发展理念，二是推动全方位创新，三是深化供给侧结构性改革，四是坚持高质量发展，五是聚焦发展实体经济，六是提高改革开放水平。本章认为，建设现代化经济体系的基本思路是坚持中国共产党的领导、坚持中国式现代化、坚持高质量发展，坚持五大新发展理念。具体而言：

一是坚持中国共产党的领导。现代化经济体系是嵌入到中国经济社会发展过程中，而中国经济社会发展取得举世瞩目成就的首要前提是坚持中国共产党的领导。党的十九大报告明确指出，"党政军民学，东西南北中，党是领导一切的"。这是经过无数历史事实检验过的，是中国历史的必然选择，也是中国人民发自内心的共同选择。从饱经战乱侵扰的革命时期的根据地建设，到新中国成立后决定带领全国人民走出一穷二白的贫穷境地，从党的十一届三中全会做出改革开放的历史决议，再到积极推动参与国际分工体系并加入WTO，这些都是在中国共产党的领导下所做出的适合中国的科学的正确决策。党的十九大报告明确指出，当前中国"正处在转变发展方式、优化经济结构、转换增长动力的攻关期"，而跨越关口的重要方式是建设现代化

第四章 建设现代化经济体系的基本思路、主要目标和重点任务

经济体系。可见,建设现代化经济体系是党中央立足中国发展新阶段现实国情、面对百年未有之大变局、面向"两个一百年"奋斗目标所做出的重大决策部署。未来要建设现代化经济体系,必须坚持中国共产党的领导。

二是坚持中国式现代化。现代化经济体系的一个重要关键词是"现代化"。这个"现代化"既是世界性的,也是本土化的。世界性的含义在于,现代化经济体系本身体现了经济体系演变的一般规律,即从落后到先进、从传统到现代,在世界范围具有一定的普遍性和价值性。然而,由于不同国家、不同地区、不同民族间在历史传统、文化基因、要素禀赋、发展阶段等方面存在显著差异,因此,经济体系演变又具有本土化。这就意味着,现代化经济体系本身也要具有本土化特征。对中国而言,现代化经济体系必须坚持中国式现代化。党的二十大报告明确指出:"中国式现代化是'人口规模巨大的现代化'、是'全体人民共同富裕的现代化'、是'物质文明和精神文明相协调的现代化'、是'人与自然和谐共生的现代化'、是'走和平发展道路的现代化'。"由此推断,中国建设现代化经济体系也要具备上述五个特征。这与西方部分发达国家所体现出来的封闭性、蛮横性、掠夺性、零和性有着根本区别,相比之下,中国现代化经济体系建设更强调开放性、包容性、合作性、共享性等。

三是坚持高质量建设。高质量是建设现代化经济体系的时代背景,也是建设现代化经济体系的内在要求。党的十九大报告明确指出:"我国经济已由高速增长阶段转向高质量发展阶段。"从宏观层面理解,高质量发展是指经济增长稳定,区域城乡发展均衡,以创新为动力,实现绿色发展,让经济发展成果更多更公平惠及全体人民;从产业层面理解,高质量发展是指产业布局优化、结构合理,不断实现转型升级,并显著提升产业发展的效益;从企业经营层面理解,高质量发展包括一流竞争力、质量的可靠性与持续创新、品牌的影响力,以及先进的质量管理理念与方法等。以宏观层面为例,在经济结构方面,国民经济重大比例关系要合理,需实现实体经济、科技创

新、现代金融、人力资源协同发展，构建现代化产业体系；在发展动力方面，创新要成为推动高质量发展的主要动力，不断推动经济发展从规模速度型向质量效率型增长、从粗放增长向集约增长转变，推动经济发展向结构更合理、附加值更高的阶段演化；在城乡区域发展方面，高质量发展需是城乡之间、区域之间的均衡发展。这些都是现代化经济体系的重要内容，因此，必须坚持高质量建设现代化经济体系。

四是坚持五大新发展理念。现代化经济体系必须科学发展，而要实现科学发展，必须坚持五大新发展理念。党的十九大报告明确提出："必须坚定不移贯彻创新、协调、绿色、开放、共享的发展理念。"党的二十大报告进一步强调："必须完整、准确、全面贯彻新发展理念。"首先，创新是引领发展的第一动力。当前，以信息技术、智能制造技术等为代表的新一轮科技革命和产业变革孕育兴起，并加速渗透到经济社会发展的各个领域。抓住新一轮科技革命和产业变革机遇，把中国由经济大国建成经济强国，必须实施创新驱动发展战略。其次，根据中国地域广阔、市场需求差别大等国情，结合区域特点与市场需求，协调好制造业与服务业、高新技术产业与传统优势产业、沿海地区与内陆地区产业发展的关系，通过产业链整体跃升促进区域协调发展。地方应充分发挥自身比较优势，与其他地区形成优势互补，避免出现产业发展雷同和产能过剩。然后，绿色发展不是单纯的环境治理问题，而是涉及形成什么样的工业制造体系、产业结构、国际分工格局等的发展战略性问题。中国要实现工业绿色发展，关键是大力发展现代服务业，促进现代服务业与制造业深度融合，提高全要素生产率和科技对经济增长的贡献率。再次，开放是实现国家繁荣富强的根本出路。建设现代化经济体系，必须提升发展的内外联动性。用好国际国内两个市场、两种资源，重点加强与"一带一路"参与国的经贸合作，探索贸易与产能合作新模式，实现扩大对外开放与国内区域协调发展和产业布局优化调整互促共进。最后，实现发展成果全民共享是社会主义的本质要求。深化利益分配机制改革,通过市场化、法治化手段促进产业间、要素间形成更加公平的收益分配机制。坚持按劳分配原则,完善按要素分配的体制机制,促进收入分配更合理、更有序。注重形成合理的产业结构,厚植经济发展与促进就业的基础,确保中国新型工业化的道路越走越宽广、越走越平坦。

第二节 建设现代化经济体系的主要目标

建设现代化经济体系的目标与党的十九大报告中所提出的第二个百年奋斗目标相一致,与"十四五"规划中的主要目标一致,也与党的二十大报告中进一步强调的未来五年主要目标和全面建成社会主义现代化强国的总体战略相一致。由此可以分三个阶段推进。

第一阶段,未来五年,主要目标是"建设现代化经济体系取得重大进展",包括但不限于:经济高质量发展取得新突破,居民收入同步增长,劳动报酬同步提升;创新能力显著提升,科技自立自强取得阶段成效;"双循环"新发展格局构建取得重大进展;开放型体制基本形成,对外开放水平进一步提升;生态文明建设实现新突破。

第二阶段,从 2020 年到 2035 年,主要目标是"建成现代化经济体系",包括但不限于:经济实力大幅跃升,居民收入再上新台阶,人均 GDP 达到中等发达国家水平;科技实力大幅跃升,高水平科技自立自强能力大幅提升,在创新型国家中排名前列;"双循环"新发展格局形成,新型工业化、信息化、城镇化、农业现代化基本实现;绿色发展方式广泛形成,碳排放达峰后呈现平稳中有所下降的趋势,生态环境根本好转。

第三阶段,从 2035 年到 21 世纪中叶,主要目标是"建成社会主义现代化强国",包括但不限于:物质文明、政治文明、精神文明、社会文明、生态文明全面提升;综合国力领先;共同富裕基本实现;国际影响领先。

第三节 建设现代化经济体系的重点任务

围绕建设现代化经济体系的重点任务,研究者们展开了深入研究。如何立峰(2018)以六个有机组成部分为基础,认为建设现代化经济体系有六项重点任务:一是要建设产业体系,核心特征是创新引领、协调发展;二是要建设市场体系,核心特征是统一开放、竞争有序;三是要建设收入分配体系,核心特征是体现效率、促进公平;四是要建设城乡区域发展体系,核心特征是彰显优势、协调联动;五是要建设绿色发展体系,核心特征是资源节约、环境友好;六是要建设全面开放体系,核心特征是多元平衡、安全高效。本章认为,建设现代化经济体系的重点任务包括大力发展实体经济、扎实推进新型工业化、提升产业发展质量水平、保障产业链供应链安全、推动绿色低碳循环发展(史丹,2023)。具体而言:

一是大力发展实体经济。实体经济是一国经济的筋骨。没有实体经济提供的坚实物质技术支撑,就不可能实现高质量发展,也就难以实现全面建成社会主义现代化强国的奋斗目标。一方面,建设现代化产业体系要坚持大力发展战略性新兴产业。相较于传统产业,战略性新兴产业往往在产品的研发设计、生产制造、在线检测等方面运用新技术、新材料、新工艺等高新技术成果,生产制造过程相对优质、高效、低耗、清洁,符合消费升级的需要,有巨大的市场潜力。当前,战略性新兴产业包括新一代信息技术、节能环保、高端装备制造、新能源、新材料、新能源汽车等行业,这些产业代表未来科技和产业发展新方向,对经济社会高质量发展具有重大引领作用。另一方面,建设现代化产业体系要推动传统产业转型升级,坚持发展先进制造业。传统产业往往与人民群众的基本生活需要密切相关,具有较为稳定的市场需求。传统产业并不代表着落后技术和低端产品。在新一轮科技革命的引领下,制造业正在由过去的机械化、自动化、批量化生产转向数字化、绿色化、柔性化生产等新业态新模式,先进制造技术的应

第四章 建设现代化经济体系的基本思路、主要目标和重点任务

用极大地提升了传统产业的劳动生产率和附加值。当然,大力发展先进制造业和战略性新兴产业,要紧盯前沿技术,提升产业科技创新能力,构建新一代信息技术、人工智能、生物技术、新能源、新材料、高端装备、绿色环保等一批新的增长引擎,促进数字经济和实体经济深度融合,打造具有国际竞争力的数字产业集群。要实施产业基础再造工程、推进产业基础高级化,促进传统产业改造升级。同时,还要培育一批具有核心竞争力的龙头企业和专精特新"小巨人"企业,推动产业融合集群发展。

二是扎实推进新型工业化。党的二十大报告提出到2035年中国要基本实现新型工业化。从广义上看,工业化是一个动态发展的概念,在不同的历史条件下工业化过程会有不同的特征和内容。工业化不仅是工业部门的发展,而且与农业、服务业发展相辅相成。总体而言,工业化可以说是社会进步和经济发展的高度概括。新型工业化的提出则赋予了工业化新的发展内容和新的发展路径,要求在农业、工业、服务业协调发展的基础上,实现物质文明、精神文明、生态文明等的协调发展。必须知道,工业化是现代化的前提。新中国成立之初,我们抓住当时经济社会发展的主要矛盾,努力提升工业生产能力,从零起步构建工业体系。经过几十年的奋斗,中国从落后的农业国发展成为世界第一制造业大国,拥有了全球最完整、规模最大的工业体系。回顾历史可以看到,一些拉美国家因过早"去工业化"而陷入中等收入陷阱;一些发达国家在工业化后期也出现了经济发展脱实向虚,从而导致严重的经济危机。总结中国实践,坚持推进工业化是经济建设取得伟大成就的宝贵经验。新时代新征程,我们必须扎实推进新型工业化,更好夯实新发展格局的产业基础,为全面建设社会主义现代化国家提供有力支撑。当然,建设现代化产业体系的重点任务涉及巩固优势产业领先地位、推动战略性新兴产业融合集群发展、构建优质高效的服务业新体系等多个方面。其中,尤为重要的是提升工业现代化水平。要构建起强大的产业体系支撑,就要牢牢把实体经济抓在手里,推动产业体系优化升级,引导各类要素资源向实体经济

特别是制造业集聚，推动制造业从数量扩张向质量提升的战略性转变；统筹发展和安全，协调区域产业布局，坚持高水平对外开放和绿色发展；坚持科技创新，完善科技创新体系，开辟发展新领域新赛道，强化高端产业引领，发展高端制造、智能制造，培育具有核心竞争力的主导产业，打造具有战略性和全局性的产业链，全面提升产业体系现代化水平。

三是提升产业发展质量水平。新一轮科技革命和产业变革深入发展，引发质量理念、机制、实践的深刻变革，质量已成为繁荣国际贸易、促进产业发展、增进民生福祉的关键要素。当前，中国产业发展的质量水平仍有较大提升空间。建设现代化产业体系要全面开展质量提升工程，强化研发设计、生产制造、售后服务全过程质量控制。首先，加强应用基础研究和前沿技术研发，提升重大技术装备制造能力和质量水平。其次，开展质量管理数字化赋能行动，推动质量设计、质量控制等全流程信息化、网络化、智能化转型。再次，加强专利、商标、版权等知识产权保护，提升知识产权公共服务能力。然后，建立质量专业化服务体系，协同推进技术研发、标准研制、产业应用，打通质量创新成果转化应用渠道。最后，立足产业发展现状和绿色低碳发展需求，对标国内国际先进水平，以绿色发展理念推动产业转型升级，全面提升产业竞争力。

四是保障产业链供应链安全。从产业链视角看，目前中国已建成门类齐全、独立完整的现代工业体系，但产业链供应链还存在一些"卡点""堵点"，部分核心环节和关键技术受制于人，产业基础能力较弱，技术创新和科技成果转化率还不高。统筹发展和安全，有效防范化解重大风险，是建设现代化产业体系的必然要求。因此，必须提升产业链供应链韧性和安全水平，增强产业链供应链自主可控能力，牢牢守住国家粮食安全、能源安全、产业链供应链安全的底线。破除产业链供应链"卡点""堵点"，要在科技创新上下功夫，加强基础研究，创新人才培养方式，提升原始创新能力。发挥新型举国体制优势，运用系统思维，整合创新资源和要素，努力实现关键核心技术自

第四章　建设现代化经济体系的基本思路、主要目标和重点任务

主可控，培育一批具有全球竞争力的世界一流企业和具有生态主导力的产业链"链主"企业。此外，要加快建设全国统一大市场，促进商品要素资源畅通流动，不断提高政策的统一性、规则的一致性、执行的协同性。加快发展物联网，建设高效顺畅的流通体系，降低物流成本。充分发挥市场在资源配置中的决定性作用，更好发挥政府作用，遵循市场化、法治化原则着力优化营商环境，为建设现代化产业体系和推动经济高质量发展提供有力支撑。

五是推动绿色低碳循环发展。绿色低碳循环发展是现代化产业体系具有现代性的重要体现。现代化产业体系要以绿色低碳的能源供给为基础，构建清洁低碳安全高效的新型能源体系，这也是实现"双碳"目标的关键举措。要有步骤地形成"碳排放—碳回收"闭环，通过产业布局、园区规划和生产流程设计，形成企业小循环、产业中循环、区域大循环的循环经济发展格局。积极推广绿色低碳技术，推动能源资源利用效率进一步提升，推进低碳零碳负碳技术研发。强化绿色供应链管理，推行绿色设计、清洁生产，大力倡导绿色消费，以绿色消费促进绿色生产。牢固树立绿水青山就是金山银山的理念，强化企业、社会、政府责任，形成"减量化、再利用、资源化"的生产生活方式。

第五章 建设现代化产业体系

加快构建现代化产业体系，对中国培育新兴产业，塑造产业竞争优势，实现产业结构的优化升级，转变经济发展方式，提高产业国际分工地位和国际竞争力，提高产业和经济发展质量，更好地满足人民日益增长的美好生活需要意义重大，影响深远，任务艰巨。

第一节 现代化产业体系的基本特征

根据前面的分析我们可以看出，现代化产业体系是以科技含量高、附加值高、能源消耗强度低、污染强度低、自主创新能力强的产业和产业集群为核心，以劳动力、资本、技术、信息、数据等各类要素资源的高效配置与高效运转为支撑，以自然生态优美、基础设施完善、社会保障有力、市场秩序良好的产业发展环境为依托，具有自生性、创新性、开放性、融合性、集聚性和持续发展能力强等主要特征的高端高新产业体系。从发展的空间特征、动力特征、结构特征和能力特征等维度来看，现代化产业体系一般具有以下一些重要特征。

一 集聚集群化发展是现代化产业体系的空间特征

集聚集群化发展是现代化产业体系的空间上所具有的重要特征。现代化产业体系的形成和发展过程就是产业和产业集群在空间结构上不断优化调整，不断集聚集约，进而形成产业集群，获取规模经济效益和集聚经济效益的发展过程。产业集群因其地理空间、集聚经济、创新网络等方面的因素而成为产业龙头企业、产业配套企业、产业关联企业的集聚地,并对其他区域产生明显的辐射、带动效应。美国经济学家迈克尔·波特教授认为,产业在地理上的集聚,特别是专业化的产品供应商、服务供应商、金融机构与资本市场、相关产业和产业链上下游厂商及其他有关机构等在一定空间上集聚集群发展,能够极大限度地降低集群产业的生产成本、配套成本及物流交易成本,并产生技术、知识与信息的外溢和共享,从而在激烈的国内外市场竞争中获得优势地位。在经济全球化和新科技革命加快发展的当下,地区之间、国家之间乃至区域之间的产业竞争,大多表现为地区之间、国家之间乃至区域之间产业集群的竞争;地区之间、国家之间乃至区域之间产业竞争力的强弱,大多取决于地区之间、国家之间乃至区域之间产业集群的发展发育程度及其竞争力的强弱。美国硅谷、德国莱茵地区、新加坡裕廊、中国台湾新竹园区以及北京中关村与上海张江高科等之所以成为当今世界产业发展的高地,其主要原因在于这些区域内部形成了产业链上、中、下游机构完整、产业外围支持体系健全、科技创新充满活力的高新技术产业集群。

二 创新驱动是现代化产业体系的动力特征

创新驱动型发展是现代化产业体系的动力特征,创新驱动是产业发展进而现代化产业体系建设的第一推动力。从世界产业发展历程看,自18世纪60年代工业革命以来,世界上每个新业态、新产业、新经济无不是在科技革命的推动下产生并不断发展壮大起来的,技术创新的方向决定了新兴产业兴起的方向,技术创新是新兴产业发展的基石。

从18世纪60年代第一次工业革命中的纺织工业、机械制造业、冶金工业、交通运输业,到19世纪中期第二次工业革命中的电力工业、石油工业、化学工业、汽车工业、飞机制造业,再到20世纪四五十年代第三次工业革命中的电子工业、通信产业、新材料产业、新能源产业、生物工程、宇航产业、海洋开发产业,再到21世纪第四次工业革命中的信息技术产业群、生物技术产业群、纳米科技产业群、宇宙开发产业群、海洋开发产业群，等等，莫不如此。不仅如此，传统产业的现代化、高端化改造升级也离不开科技创新驱动和支撑。正是因为技术创新不断推动着传统产业的改造升级、新兴产业的培育壮大和落后产业的淘汰退出，才使得传统的产业体系升级至现代化产业体系，传统的产业结构转变为现代化、高级化的产业结构。而且，技术创新的活跃程度越高，传统产业改造升级和新兴培育发展的速度也就越快。

可见，现代化产业体系作为适应现代产业发展趋势和发展要求的现代产业组织形式，其与传统产业体系最根本的区别不在于行业的性质、产品的生产形式和功能，而在于科技创新能力和科技创新水平高低的差别。从创新的角度来看，构建现代化产业体系，就是以产业链条上各个企业为创新主体，构建产业之间与产业内部，企业之间与企业内部，以及企业和高等院校、科研机构、产品和服务的用户、产品和服务的供应商、金融机构、政府之间的联系网络，最终实现产业结构的优化和升级（彭兴庭，2009）。

三　融合化发展是现代化产业体系的重要结构特征

产业融合化发展是现代化产业体系的重要结构特征，也是现代产业发展的基本趋势。尤其是在新科技革命和产业变革加速发展的当今，产业融合化发展在整个经济系统中越来越具有普遍性。这种融合性发展首先表现在信息化、数字化、智能化技术对包括第一产业、第二产业和第三产业等在内的所有产业渗透和嵌入，产生互联网农业、智慧农业、数字化农业，数字化、网络化、智能化工业，数字化、网络化、智能化制造业，数字化、智慧化服务业等融合性现代产业和产业体系。

其次表现在三次产业之间相互渗透、互相融合中。如现代农业与现代旅游业融合产生观光休闲农业、生态旅游农业等，现代农业与现代工业融合产生工厂化农业、设施化农业等，先进制造业与现代服务业融合产生服务化制造、品牌化制造、定制化制造、互联网制造等制造+服务型产业。

再次表现在三次产业内部之间相互渗透、相互融合上。如：农业内部种植业、畜牧业、林业之间的相互融合与渗透，催生立体种养、循环种养、林下种养等复合型农业新业态，工业内部的汽车产业与新能源产业融合催生新能源汽车产业、汽车产业与电子产业的渗透融合催生汽车电子产业、机械制造业与电子产业的渗透融合催生机械电子产业，服务业内旅游业与文化产业、运动产业等的渗透融合催生文化旅游产业、运动旅游产业、旅游养老产业、健康养老产业，等等。

随着新科技革命和产业变革的不断向前推进，现代产业间和产业内部各产业链环节间的融合互动将向更深程度、更广范围、更高层次方向发展，融合化发展越来越成为现代化产业发展的新常态、新趋势、新动向。这种新常态、新趋势、新动向不仅将从微观上改变现有产业的市场结构和发展绩效，从中观上使不同产业之间的传统边界趋于模糊，甚至最终消失，而且将从宏观上和根本上改变一个国家的产业结构状况和经济增长方式。

四 可持续发展能力强是现代化产业体系的标志性特征

从发展能力看，现代化产业体系具有发展的可持续性能力强的重要特征。这里的可持续发展能力强包含两层意思。一层意思是现代化产业体系通过科学技术改造提升传统产业，调整和优化产业结构与产业组织结构，体现了现代循环经济和低碳经济发展的新理念、新范式。高质量、高效益和低消耗、低污染是现代化产业体系可持续发展的必然要求和内在表现。在现代化产业体系中，产业发展必须与生态环境相协调、相适应，力争做到全产业链、全经济体系的少污染甚至无污染、资源能源低消耗，以及"三废"可回收和再循环利用，用最小的资源能源和环境代价来支撑经济社会的长期可持续发展。

另一层意思是产业技术能够实现自主可控，产业发展做到了安全高效。在全球贸易保护主义抬头，发达国家特别是美国对中国的技术封锁和经济打压力度加大的背景下，现代化产业体系的可持续发展能力强还体现在产业自主创新能力强，推动产业发展的技术特别是核心关键技术能够立足自主创新，中国的产业发展不会因发达国家技术与产品的禁运、封锁而受到严重冲击甚至导致产业链、供应链中断，产业和经济发展难以为继的窘境。

第二节　建设现代化产业体系的主要目标

一　产业结构升级取得重大成效

产业结构持续优化，现代农业、先进制造业、战略性新兴产业和现代生产与生活服务业齐头并进、高效发展，产业供给的质量、效率和效益全面提高，中国制造向中国创造、中国智造，中国速度向中国质量，中国产品向中国品牌转变迈出实质性步伐，取得标志性成效。到2035年，知识技术密集型高技术产业占GDP的比重达到50%以上，基本建成制造强国、质量品牌强国、航天强国、网络强国与数字中国。

二　产业创新能力显著提高

产业自主创新能力显著增强，企业重大科技成果集成、转化和产业化、工程化能力大幅提高，掌握一批能够主导世界产业发展方向和潮流的关键核心技术，涌现一批具有全球领先的重大原创性技术成果，建成一批具有国际先进水平的科技创新平台，形成一批具有较强自主创新能力和技术引领能力的骨干龙头企业，参与制定关键技术、关键产品的国际标准不断增多。到2035年，发展成为创新活力充分释放、创新要素高度集聚、科技基础设施完善齐备、创新功能健全完善、创新创业创造环境持续优化的世界产业科技创新强国，科技进步对产业和经济增长的贡献率和贡献度达到世界先进水平。

三 产业国际分工地位和价值链地位明显上升

在全球产业分工体系中的地位不断提高，具有自主知识产权的技术、产品和服务在国际市场上所占的份额大幅提升，形成了一批具有全球影响力和产业链治理权的跨国企业、产业集群和知名品牌，主要产业领域成为全球重要的研发制造高地，产业国际分工地位和价值链地位明显上升。到 2035 年，中国参与国际产业分工格局的方式，由垂直分工转变为水平分工，由世界产业链、价值链中低端提升为世界产业链、价值链高端，主导世界产业链和价值链的治理权和话语权。

四 产业绿色化发展水平大幅提升

产业升级对节能减排降碳、提高人民生活质量的带动作用明显提高，重点行业和重要领域绿色化低碳化改造取得明显成效，重点行业单位增加值能耗物耗及污染物排放达到国际先进水平。到 2035 年，建成产业发展与自然和谐共生的低碳化、现代化绿色发展新产业体系。

第三节　建设现代化产业体系的战略重点

一 实现关键技术装备的自主可控

改革开放以来，中国充分发挥要素成本低的比较优势，积极引进国外先进技术和管理经验参与全球产业分工体系和经济全球化进程，快速从一个落后的农业国跃升为世界制造业第一大国和世界制造中心，产业基础能力和产业链的现代化水平显著提升。在这种背景下，技术引进的空间也越来越窄小，可行性越来越低，中国产业和经济发展急需在创新驱动引领带动下，加快突破一批制约产业转型升级和高质量发展的关键核心技术、关键基础材料、关键成套装备等技术装备"卡脖子"瓶颈。据工信部对全国 30 多家大型企业的调研，在 130 多种关键基础材料中，有 32% 的关键材料中国仍处于空白状态，有

52%关键材料中国仍然依赖进口。《科技日报》曾经邀请有关专家对制约中国产业高质量发展"卡脖子"技术装备进行论证,专家们总结出当前中国关键核心装备、关键核心技术、关键材料、基础零部件元器件等领域存在35项"卡脖子"关键技术装备(见表5-1)。如重型燃气轮机,国际上主要制造厂商为美国的GE、日本的三菱、德国的西门子、意大利的安萨尔多4家跨国企业。它们在与中国企业进行合作时都利用其技术领先优势附带上一些十分苛刻的合作条件。例如,不准中国的合作企业转让设计技术,不准转让核心的高端部件制造技术,只能以许可证方式许可中国企业制造非核心的零部件(元器件)。没有自主化技术创新能力,意味着中国产业和经济安全的重要一环仍然受制于人,存在被"卡脖子"的风险。再如,在光刻胶领域,目前中国LCD所用的光刻胶几乎全部依赖进口,核心技术被TOK、JSR、住友化学、信越化学等日本企业把持和垄断。另据中国工程院2019年对26类有代表性的制造业产业开展产业链安全性评估的结果显示,中国制造业中有2大类产业对外依赖度高,8大类产业对外依赖度极高,如目前中国95%的高端专用芯片、70%以上的智能终端处理器以及绝大多数存储芯片依赖进口。

表5-1 制约中国现代化产业体系高质量发展的主要"卡脖子"技术装备

关键核心装备	关键核心技术	关键材料	基础零部件元器件
高精度光刻机、真空蒸镀机、重型燃气轮机、铣刀、透射式电镜	芯片、操作系统、iCLIP技术、适航标准、核心工业软件、核心算法、航空设计软件、高压共轨系统、高端焊接电源、超精密抛光工艺、数据库管理系统	ITO靶材、航空钢材、高端轴承钢、光刻胶、燃料电池关键材料、锂电池隔膜、燃料电池关键材料、锂电池隔膜、高强度不锈钢	航空发动机短舱、触觉传感器、手机射频器件、激光雷达、高端电容电阻、掘进机主轴承、水下连接器、医学影像设备元器件、扫描电镜、高压柱塞泵

资料来源:根据《科技日报》等有关资料整理。

第五章 建设现代化产业体系

在以美国为首的西方发达国家频频打压中国高科技企业，推动与中国"技术脱钩"和产业断链的当下，构建现代化产业体系，急需打破当前中国产业发展过程中面临的上述技术装备的突出短板的"卡脖子"遏制，提升产业链现代化水平，重塑并加快形成产业与经济发展新优势，壮大发展新动能，加快推动产业特别是制造业发展的质量、效率和动力等变革，加速推动中国制造向中国创造、中国数量向中国质量、中国产品向中国品牌的转变。

从短期来看，打破技术装备"卡脖子"遏制，不要眉毛胡子一把抓，而要坚持问题导向，紧紧抓住制约中国制造业转型升级和高质量发展的关键核心技术，如：纺织业的高性能纤维高品质低成本技术以及生物基原料和纤维绿色加工技术，新型非织造、多种材料多层复合、立体织造技术，建材产业的先进无机非金属材料、复合材料及其制品加工制造关键技术和装备，有色金属产业的难变形合金挤压成型加工技术，有色、稀有金属零件3D打印技术，大流程生产制造工业大数据与智能控制技术，高端装备制造业的轨道交通装备关键技术、高技术船舶和海洋工程关键技术、智能机器人关键技术、现代化农业机械关键技术等，新能源汽车产业的车规级芯片、车用操作系统、新型电子电气架构、高效高密度驱动电机系统等关键技术和产品，电子信息产业中的高端芯片、光刻机、基础操作系统，新材料产业中的碳基和碳化硅基复合材料、新型合金材料、永磁材料、陶瓷材料等关键核心技术，等等，发挥新形势下新型举国体制能够集中力量办大事的制度优势，实施产业基础再造工程，补短板、强弱项，加大研发投入力度，推进产学研用协同进行技术突破和联合科技攻关，力争5—8年时间内使产业基础薄弱问题得到明显缓解甚至出现根本性的改变。

从长期来看，要针对中国中国产业技术瓶颈制约由以形成的自主技术创新能力弱的深层原因，实施创新驱动战略，优化产业技术创新生态，加大研发投入力度，提升研发投入效率，培育一批世界一流企业和专精特新的隐形冠军企业，加快实施产业基础再造和产业链现代化工程，发挥头部企业和链主企业的辐射带动作用，加快推动关键核心工艺技术和产品的国产化替代，适时推出卓越工程或产业链高端化工程，全面夯实产业基础能力。尤其需要从长远战略角度，开发一批能够推进高质量发展与引领新一轮科技革命和产业变革的产业关键基础技术，带动突破一批高附加值、高技术含量的重大产品与服务，努力锻造一批产业链供应链长板，在局部领域打造出一些全球领先的优势技术和独门产品与服务，获得与发达国家博弈的有利筹码，以反制美西方发达国家对中国实行"卡脖子"的冲动，为中国产业的未来发展奠定良好基础，持续巩固并不断提升中国在通信设备制造、轨道交通装备制造以及电力装备制造三大产业领域的世界领先地位，不断提升航天装备制造、海洋工程装备制造及"双高"（高附加值、高技术含量）船舶制造、新能源汽车与智能网联汽车制造等战略性优势产业，做优做强纺织、家电、钢铁、石化、建材等传统优势产业，加快发展新一代信息技术产业、高档数控机床和工业机器人、航空航天装备、现代农业装备、新材料、生物医药及高性能医疗器械等战略性新兴产业，力争到2035年，形成40—50个产业规模具有全球影响力，产业技术达到世界先进水平，产业链供应链布局遍及全球各主要国家，产品品牌享誉全球，拥有世界一流的领军企业，具有世界领先的核心技术和持续创新能力的世界级产业集群，产业链供应链自主可控性、安全高效性处于世界领先水平。

二　强化制造业核心地位

制造业是立国之本、兴国之器、强国之基。自从18世纪工业革命以来，制造业一直是国际产业竞争的主体，也是决定一个国家或地区国际竞争力强弱的和国际话语权的主要因素之一。即使在产业结构日趋第三产业化的当下，制造业发展水平在能否赢得国际竞争优势地位方面的重要位置仍然没有多大改变，制造业强的国家和地区，其在国际产业体系和经济体系的话语权就大，在国际产业和经济治理中占据主导地位。相反，如果制造业孱弱，特别是存在明显的产业和产业链短板，则很可能被竞争对手"卡脖子"，在严重的情况下甚至会影响到这个国家和地区的经济平稳运行,威胁其产业与经济安全。因此,在现代化产业体系建设进程中,需要坚持并不断加强而不是削弱制造业的核心地位,保持制造业比重的基本稳定,提高制造业发展质量。

经过改革开放40多年的快速发展,中国制造业总体规模已多年稳居世界第一。当前困扰中国制造业高质量发展、动摇制造业核心地位的因素有二:一方面,制造业中许多行业出现了产能过剩现象,有些行业的产业过剩现象还比较严重,制造业吸引社会资源的能力大幅度下降。从钢铁、水泥等原材料工业到电视机、电冰箱、汽车等加工工业均出现了产能过剩现象,区别只是过剩程度和严重性有所不同而已。而且,与以往历次产能过剩有所不同的是,当前产能过剩具有行业整体性过剩的特征,产业整体效益严重下滑,僵尸企业不断增多,处理、处置困难重重,其中钢铁、有色等重资产传统产业产能过剩更为严重。在产能普遍过剩的背景下,人们普遍认为制造业看不到投资机会和发展前途,社会资本对投资制造业的热情大幅度下降,劳动者对在制造业中就业感到前途渺茫,制造业对资源要素特别是优质的资源要素的吸引力和配置能力明显减弱,产业发展后劲不足,发展潜力受到极大压制。与此紧密相关的另一个问题是,近年来中国经济发展中脱实向虚严重,制造业在国民经济中所占比重下降过快,经济发展进程中去工业化和去制造业化趋势明显,虚拟经济脱离实体经济特别是制造业发展的倾向加剧,产业空洞化风险加大。数据显示,从2006年至2019年,工业增加值占GDP的比重已从42.0%下降至32.0%,短短十几年间下降了整整10个百分点,制造业增加值占GDP比重从2012年的31.4%下降至2019年的27.2%,下降了4.2个百分点,制造业的从业人员从2014年的8849.85万人快速下降至目前的6240.7万人,降幅高达29.5%。

要改变这种状况,推动中国制造业高质量发展,巩固制造业在现代化产业体系的基石地位,一方面,需要从政策导向和社会舆论导向入手,优化制造业发展政策软环境,树立投资制造业、就业于制造业光荣、前景广阔的社会氛围和价值导向，根治社会资本追逐短期利益、赚快钱的劣根性，培育一批扎根制造业的实业家和大国工匠，促进科技创新、现代金融、人力资源、数据信息等高端要素资源向制造业领域集中集聚，使现代先进制造业在质量提升的基础上继续保持规模扩大的趋势，保持制造业比重的基本稳定。另一方面，要从供给侧和需求侧改革双管齐下入手，健全完善低端企业的退出补偿机制，加快过剩产能淘汰进程，改善中国制造业发展的市场环境，提升产业自主创新能力，增强制造业结构升级的技术支撑能力。尤其要充分利用中国产业配套能力强、熟练产业工人多、国内市场容量大的新优势，扎实推进产业基础再造和产业链现代化工程，切实提高关键基础材料、核心基础零部件（元器件）、先进基础工艺、产业技术基础、产业基础软件等产业基础能力，加快利用现代信息科技技术、低碳环保技术、数字网络技术、智能制造技术对传统制造业进行升级换代，促进制造业绿色化、数字化、网络化、智能化、高端化发展。

三 加快打造产业发展新引擎

新科技革命和产业变革的加速发展为后发国家实现产业升级和赶超跨越提供了"弯道超车"和"换道超车"的历史性机遇。为了抓住这一机遇，中国制定了《中国制造2025》，把新一代信息技术产业、高端数控机床和机器人产业、航空航天装备制造业、海洋工程装备制造及高技术船舶制造、先进轨道交通装备制造、节能与新能源汽车产业、生物医药产业及高性能医疗器械制造业等10个产业领域作为重点发展方向，抢先实行战略规划和战略布局，以此来引领产业转型升级和高质量发展。在国家政策支持下，当前中国战略性新兴产业持续较快增长，新业态、新模式不断涌现，创新能力稳步提升，综合实力不断增强，对产业乃至整个国民经济的高质量发展的引领带动作用越来越大。

为继续抢抓新科技革命和产业变革带来的发展先机，"十四五"时期及未来更长一段时期，中国还应继续加快发展工业互联网、大数据、人工智能、新一代通信技术、集成电路、超高清显示等技术创新和应用，加快推动生物医药、生物农业、生物制造、生物工程等产业化发展，加大核能、太阳能、风能、潮汐能、可燃冰、生物质能等新能源技术研发和应用，积极发展先进无机非金属材料、高性能复合材料、新型功能稀土材料、纳米材料、高端碳纤维材料等前沿材料，加快推进重大装备和系统技术工程化应用和产业化发展，加快推动汽车电动化、智能化、网络化进程，加快开发煤炭清洁高效利用等节能和环境治理新技术、新工艺，加快航空发动机及机载设备等航空航天关键核心技术研发，提升"双高"船舶和海洋工程装备研发制造能力，推动互联网、大数据、人工智能、区块链、元宇宙等现代信息技术与先进制造业的深度融合，推动先进制造业集约集聚集群发展，构建一批产品与服务特色鲜明、技术优势突出、产品与产业结构合理、发展效益良好的战略性新兴产业集群，培育更多更好的新技术、新产品、新业态、新模式、新动能，加快推动资源数字化、数字产业化、产业数字化，促进平台经济、共享经济、数字经济、智慧经济等新经济业态健康发展，为中国产业转型升级和高质量发展提供强有力的技术、产品和产业支撑。

　　而且，还应前瞻性地加快布局未来产业。要发挥中国新型举国体制的独特优势，瞄准量子信息、未来网络、脑科学与类脑智能等未来智能，高端膜材料、非硅基芯材料、超导材料、智能仿生、增材制造材料等前沿未来材料，合成生物、细胞生产、细胞治疗、基因药品等未来健康，暗能量、氢能与新型储能等未来能源，深地矿产和地热资源开发利用、深海深空高端装备、深海深空智能感知、载人电动垂直起降飞行器、陆海空天领域全天候、全球性卫星互联网等未来空间，可见光通信与光计算等前沿领域，依托国家战略科技力量和链主型企业，借力风投资本，实施一批具有前瞻性、战略性的国家重大科技专项和重大技术产业化示范工程，加强前沿技术多路径探求，多线路研发和多途径、多渠道科技成果转化和产业化、工程化能力，提升前沿性、颠覆性技术的供给能力和产业化、工程化能力，在长三角、大湾区和京津冀等科技资源丰富、经济较为发达、营商环境较好的地区率先孵化培育发展一批未来产业，培育壮大未来产业集群，引领和主导世界未来产业发展的方向和潮流。

四 提升现代服务业能级

在全球新科技革命和产业变革的带动下，产业融合特别是先进制造业和现代服务业高度深度融合发展是产业转型升级的重要趋势，是现代产业发展的重要方向，也是实现产业乃至经济高质量发展的内在要求和重要路径。对中国而言，现代服务业尤其是现代生产性服务业长期以来一直是中国产业体系建设的一个突出短板和薄弱环节，制造业发展质量不高，在很大程度上是因为现代生产性服务业发展滞后，从而使得为先进制造业服务的产品研发、创新设计、售后服务等环节存在明显的短板和瓶颈制约。要建立现代化的产业体系，就必须紧紧围绕现代农业和现代先进制造业发展提出的服务需求，以现代服务业特别是现代生产性服务业同现代先进制造业、现代农业深度融合为动力，推动生产性服务业向专业化和价值链高端攀升，加快发展研发设计、供应链金融、现代物流、检验检测、法律咨询服务等现代生产性服务业，构建精细化和高品质现代生活性服务业，形成强大的产业链供应链体系，提高制造业中服务投入的比重，增强价值链中服务环节的作用和价值创造能力，更好地支撑制造业的品质提升和效率提高，更好地满足人民群众对美好生活的现实需求，牢牢占据全球产业链价值链高端，主导全球产业链价值链治理。

（一）加快市场化改革进程，放宽产业准入限制，发展服务业新模式新业态、新模式、新经济

当前，中国服务业许多领域还存在准入限制，各种各样的弹簧门、玻璃门在不同程度上持续存在，社会资本进入一些特定领域还存在不少障碍，使得产业竞争不充分，影响产业和经济发展的效率与效益，制约了现代服务业的做大做强。建设现代化产业体系，需要改变这种局面，为此，一要进一步加快改革步伐，减少行政审批，放宽民

营企业准入的行业和领域限制，减少前置审批和资质认定项目，为社会资本在金融保险、教育培训、文化活动、医疗康复、育幼养老、建筑设计、会计审计、商贸物流、现代电子商务等现代服务业领域发展壮大提供制度保障。二要加大社会化服务领域改革力度，重点是要将教育、医疗、文化、科技等领域营利性服务与公共性服务分离开来，大力发展非营利的公共服务产业，使社会办的医疗、文化、科技、教育机构在准入标准等方面享有国有经济同等的政策待遇，推动社会力量发展成为推动公共服务产业发展的重要力量。三要顺应经济全球化、产业互联网和现代信息技术发展的新潮流，消除阻碍新产品、新服务、新业态、新动能发展的不利因素，积极引导新产品、新服务、新业态、新动能发展，重塑传统产业的商业模式和发展边界。引导骨干企业依托制造优势延伸发展服务业，扩大服务型制造在其营业收入中的比重，鼓励骨干龙头企业向综合服务提供商转型升级。引导企业利用互联网和现代信息技术，突破时空地域界限，大力发展境内外电子商务服务业，鼓励骨干龙头企业发展系统集成总承包、全生命周期管理、品牌规则控制、众包等制造服务融合的新业态、新模式。

（二）围绕服务实体经济特别是现代先进制造业，积极发展现代生产性服务业

当前，中国现代生产性服务业发展相对滞后，在一定程度上制约了中国产业转型升级和现代化产业体系与经济体系的建设。要改变这种状况，需要通过加快市场化改革和实施创新驱动的双管齐下，针对生产性服务领域的薄弱环节，以提升生产性服务业的能级为出发点，加快发展为新材料、新产品、新工艺研发设计服务业，鼓励各类微观经济主体设立研发设计服务中心，建设研发设计交易市场和交易平台；鼓励发展云计算、合同能源管理、制造施工设备、运输工具、生产线的融资租赁等现代生产性服务业；积极发展会计审计服务，战略规划管理，营销策划和知识产权服务等咨询服务业务；鼓励服务外包，加快发展第三方检验检测服务和各类认证服务，支持建设检测检验、信息发布与共享等各类公共服务平台。

（三）推动生活性服务业向高品质和多样化升级

围绕满足人民对美好生活的需求，加快推动生活性服务业向高品质和多样化升级，加快发展健康养老、托儿育幼、文化旅游、体育健身、家政服务、物业维修等生活性服务业，加强公益性、基础性服务业供给，加快推动商贸业优化升级。大力发展电商业及物流配送业，加快建立健全现代生活性服务业国家、行业与地方标准体系，对暂时还不具备标准化条件的各类服务产品，要加快服务承诺、服务公约和服务规范等制度建设。根据人民群众对便民消费、便利生活服务体系的诉求要求，在完善现代生活服务业相关的法律法规标准的同时，增强法律法规的约束力，强化法律法规的执行实施，提高企业诚信守法经营的意识和素养。

（四）大力提升服务业信息化、数字化、智慧化和便利化水平

信息化、数字化、智慧化是现代服务业发展的重要标志，便利化是服务业发展的基本要求。要充分利用新科技革命和产业变革加快发展的有利条件，积极运用新一代信息技术、网络化技术、数字化技术和智能化技术改造提升传统商贸、物流、金融、科技服务、交通运输等生产性服务业，改造提升旅游、教育、文化、体育、房地产、社区服务等生活服务业，不断提高服务业的信息化、数字化、智慧化和便利化水平。

五 弥补现代化产业体系建设的产业短板

现代化农业是现代化产业体系必不可少的重要组成部分。推进农业现代化是解决发展不平衡不充分问题的重要举措，是保障中国粮食安全的重要基石，是推动农业高质量发展的重要保障，也是建设现代化产业体系必须完成的一个重大而艰巨的任务。当前，中国农业结构性矛盾还比较突出，农业发展过程中面临的自然风险、市场风险还比较大，农业的供给保障能力仍然较为薄弱。可以说，建设现代化产业体系和现代化经济体系，短板在农业，关键在如何推进农业现代化进程。为此，需要加快转变农业发展方式，推进农业供给侧结构性改

革,加快调整农业结构,大幅提高农业科技水平,改善农业的物质装备条件,加快培育具有市场意识、善于把握市场机遇的新型农业经营主体,完善农产品价格形成和调控机制,不断提高粮食等重要农产品综合生产能力和供应保障能力,提升农产品质量安全水平和国际竞争力,促进农业高效化、规模化、集约化、绿色低碳化发展。

(一)提升粮食等重要农产品安全保障能力

保障国家粮食安全,保持大宗农产品供求平衡,是事关国家长治久安的头等大事。目前,中国的粮食安全基础总体上还不太稳固,粮食安全形势依然比较严峻。针对这种情况,习近平总书记曾多次强调指出,要确保中国人的饭碗任何时候都要牢牢掌握在我们自己手中,把保障国家粮食和重要大宗产品供给安全作为"三农"工作的头等大事来抓紧抓好。因此,推进现代化农业建设,首先是推进粮食等重要农作物种植业的现代化,要聚焦重要农产品成本上升的关键领域,加快推动制度、技术和管理创新,积极推进组织优化,积极开展降本提效行动。坚持立足国内、确保产能、适度进口、科技支撑的国家粮食安全战略,稳定粮食播种面积,提高粮食的单位面积产量,适当调整优化粮食产区的区域布局,提高粮食质量安全水平,确保谷物基本自给、口粮绝对安全。加强粮食主产区和后备产区的粮食生产能力建设特别是农田基本建设,深化与周边国家特别是与中国友好的东南亚、中亚国家和俄罗斯等国家和地区的粮食生产加工国际合作。加强农产品优势产区和优势产业带建设,巩固提高棉花、油料、糖料等工业原料作物的生产水平。

(二)提高农业科技水平,改善农业的物质装备条件

提高农业科技水平是提高农业竞争力,改善农业发展效益最直接有效的手段,改善农业基础设施是降低农业生产者外部成本的战略举措。因此,推进农业的现代化建设,需要加大对农业科技创新投入支持力度,建立健全农业科技成果转化的激励机制,鼓励农业科技创新主体及科技人员转移转化农业科技成果,打通农业科技与农业生产结合的通道;需要强化农业科技创新平台建设和主体培育,加强新品

种、新技术、新机具、新材料、新模式的研发，推进关键领域的技术集成与示范推广；需要按照"旱涝保收、稳产高产、生态友好"原则，整合相关资源要素，进一步推进土地整理、高标准农田、农田水利和美丽田园等建设，改善农田水利基础设施，不断提高农业和农村的综合生产能力和防灾抗灾能力；在条件许可的地区加快农业领域"机器换人"步伐，加大对新机具、新产品及专用型农机具的研发、引进和示范推广的政策支持力度，加快发展自动化、数字化、网络化、智能化程度高，适应性和适用性强的新型农机装备，提升农业生产的数字化、网络化、智慧化发展水平。

（三）发展农业社会化服务

积极推进农业生产合作、供销合作、信用合作"三位一体"的农民合作与联合服务，组织开展政府购买农业公益性服务试点，支持农民专业合作社承接政府购买服务项目，充分发挥农民专业合作社在农业社会化服务中的重要作用。加大政府政策扶持，积极培育主体多元化、形式多样化、内容广泛化的专业化社会化服务组织，采用合作式、订单式、托管式等农业服务新模式，开展农资供应、农机作业、病虫害统一防治、粮食烘干、沼液配送、动物诊疗和产品营销等，为农业发展提供多样化、专业化、全程化服务。

第四节 建设现代化产业体系的政策建议

建设现代化产业体系是一个巨大而复杂的系统工程，头绪多，任务重。要建成这样一个系统工程，需要针对该系统工程建设中存在的突出问题和短板，坚持问题导向，有的放矢地采取全面深化改革、健全完善产业政策、提升产业自主创新能力、加快新型基础设施建设等多项政策举措。

一　全面深化改革，为现代化产业体系建设提供良好外部环境

建设创新驱动、协同发展的现代化产业体系，需要有与之相匹配

第五章 建设现代化产业体系

的经济体制环境。与建设现代化产业体系的要求相比，当前中国在体制机制方面还存在不少不相适应的地方，如生产要素市场化改革相对滞后，生产要素的市场化配置还不充分、不完善，生产要素流动还不是十分顺畅，生产要素价格的形成机制还不是很完善；政府职能转变还不太到位，政府职能越位与缺位现象还不同程度地存在；等等。所有这些，都在一定程度上妨碍了现代化产业体系的建设进程。加快推进现代化产业体系建设，需要继续全面深化改革，不仅要继续深化要素市场化改革，健全要素市场运行机制，推动生产要素质量变革、优化各种生产要素资源的配置，而且要继续深化国有资本国有企业改革，激发各类市场主体特别是国有企业的活力，还要继续加快转变政府职能，深化简政放权、放管结合、优化服务改革，激发实体经济和要素发展活力，营造良好的实体经济发展环境。

一是深化生产要素的市场化配置改革。中国生产要素市场发育明显滞后，其突出表现在：生产要素的市场化配置还不充分、不完善，生产要素流动还不是十分顺畅，生产要素价格的形成机制还不是很完善。畅通国内大循环，当务之急是要消除阻碍生产要素自由流动的各种壁垒和障碍，降低生产要素的使用成本与流通成本，提高生产要素的配置效率。要加快城乡建设用地市场化改革进程，在条件许可地区探索推行农村宅基地"三权分置"改革试点，完善城镇建设用地价格形成机制和新的招拍挂制度，因地因城施策，盘活各类存量土地资源。除北京、上海等个别超大城市外，其他城市都应逐步取消对户口迁移的各种不合理限制政策，改革公共资源的配置方式，废除按城市行政等级配置公共资源的各种不合理制度，使各级城市公共资源的配置数量和规模与其城市实际服务管理的人口规模相适应，相协调，促进人力资源全国范围内的自由流动。构建与实体经济发展需求相适应的多层次、广覆盖、高效率的银行体系和融资服务体系，进一步完善股票发行注册制，健全完善基准利率和市场化利率体系。顺应数字经济发展的要求，加快完善数据资源的权属界定、开放共享、交易流通等制度安排，加快培育数据市场，发展壮大数字经济新动能。

二是全面深化自然垄断和行政垄断性行业改革，继续深化完善国资国企改革。坚持"两个毫不动摇""三个没有变"，继续鼓励石油、天然气、电力、铁路、民航、电信、公用事业等重要领域、关键行业和垄断环节的国有企业与民营企业强强联合，发展股权多元、经营方式多样的混合所有制经济。通过合资、合作、并购、参股、入股、托管等多种方式，积极引入能与国有经济形成优势互补并能为国有经济提供战略支持的民营企业，不断提高国有资本和国有经济运营效益和可持续发展能力。扩大"竞争中性"原则的适用范围，使国有企业与民营企业一样适用"竞争中性"原则，提高国有企业在激烈的市场竞争求生存、求发展的能力。按照深化国有企业改革的要求，加快出清各类"僵尸企业"，采取破产重整、兼并收购、债权转股权、发展混合经济等改革举措，有效降低国有企业杠杆率，按照该进则进该退则退原则积极优化国有经济的行业与区域布局，加速国有经济的结构调整和改组改造升级。放松民间投资市场准入限制，逐步缩小市场准入负面清单的行业、领域和业务范围，明确市场准入负面清单以外的行业、领域、业务等，包括民营资本、个体经济等在内的各类市场主体均可以依法依规平等进入，享有平等发展权利。持续清理并废除针对民营经济的各种不合理制度安排，拆除妨碍民营经济和民营企业公平竞争的各种"玻璃门""弹簧门""旋转门"，消除妨碍有效市场竞争的各种隐性壁垒，保证国有、民营和外资等各类企业依法依规平等使用各类生产要素，公开公平公正参与市场竞争，享有同等的法律保护，同等承担社会责任和社会业务。放宽针对非公有制经济对教育、医疗、金融等现代服务业和大数据、"互联网+"等新兴领域的准入管制，调整完善新能源汽车、网络打车、互联网远程医疗等领域相的有关政策、法规和行业标准，抓紧修改、废止阻碍新动能、新产业发展的各种不合理规定，建立适应新科技革命时代技术更迭和产业变革要求的标准动态调整及其快速响应机制，营造更加适宜的创新创业生态，用高效率的服务为各类经济主体创新创业赢得更多的发展机遇。

三是加快转变政府职能，营造有利于制造业等实体经济发展的良好环境。全面深化放权简政、放管结合、服务优化改革，全面推行政府权力责任清单制度，消除政府对市场资源和市场活动的各种不合理干预，实施涉企经营许可事项清单管理制度，加强对事中事后的监管，对新产业、新模式、新业态实行包容审慎监管，提高政府服务效能，打造市场化、法治化、国际化营商环境，最大限度地激发市场活力、增强内生动力、释放内需潜力。

二 健全完善产业政策

产业政策是政府为改变产业间资源配置和各产业间企业经营活动所采取的政策，产业政策是影响产业发展和产业结构升级的一个重要政策因素。与建设现代化产业体系的要求相比，中国现行的产业政策还存在不少问题，如产业政策的选择性过强，产业政策管得过宽过细，产业政策与宏观政策、微观政策、区域发展政策等之间协调性不强，部分产业政策与现行国际经贸规则存在明显冲突，等等。所有这些，不仅妨碍了市场机制和竞争机制对优化资源配置的积极作用的发挥，影响了产业政策的实施效果，而且也不利于现代化产业体系和现代化经济体系建设。加快推进现代化产业体系建设，需要从以下几个方面健全完善产业政策。

首先，要从选择性产业政策转向功能性产业政策。经过改革开放40多年的发展，中国产业体系日趋庞大复杂，产业发展方向和发展路径的不确定性越来越大，选择性产业政策已经越来越难以适应新科技革命加速推进下的产业发展逻辑，加快推动现行的差异化、选择性的产业政策向普惠化、功能性的产业政策转变，从热衷于替代市场、限制竞争的产业政策向以市场竞争政策为基础、更能发挥创新作用和增进有效市场发展的产业政策转变，减少政府对特定产业的直接干预，大幅度减少政府通过"产业指导目录"等方式直接选择产业、指定企业的做法，全面实施市场准入负面清单制度，改革生产许可制度，实质性减少绝大多数行业的前置性准入限制，减少政府对市场资源的直接配置和对市场活动的直接行政干预。强化产业政策完善市场功能和弥补市场失灵的作用，重点包括完善优胜劣汰机制和落后产能退出机制、健全破产制度、产业发展重要信息公开机制、"走出去"平台搭建工作、健全公共科技资源开放共享机制等。支持基础研究，提高研发税收抵免，鼓励企业开展技术创新和成果转化等。

其次，要加强协调好、处理好产业政策与竞争政策、创新政策、宏观政策、区域政策、开放政策等相关政策之间的关系。

一要协调好、处理好产业政策与竞争政策之间的关系。要突出竞争政策的基础性地位，在产业政策的内容设置上和实施方式选择上更加注重引入竞争机制，发挥竞争机制优胜劣汰的积极作用，使产业政策与市场竞争活力之间形成良性互动，即产业政策的实施不仅不妨碍市场竞争机制充分发挥作用，而且有利于市场竞争机制充分发挥其积极作用。

二要协调好、处理好产业政策与创新政策的关系。围绕制造强国和现代化产业体系建设的总体目标，把产业政策的着力点放在支持关键共性技术、前沿引领技术、现代工程技术、颠覆性技术创新的突破上，放在对重大基础研究和源头创新的政策支持上，放在对关键产品、关键基础元器件和零部件、关键软件系统、关键材料、关键核心技术研发支持上，以及对"卡脖子"技术和人才培养的政策支持上，力争成为世界重要科技领域的创新领先者和新兴前沿交叉领域的创新开拓者，提高中国产业与产业链国际分工地位和产业与产业链的治理权与主导权。

三要加强产业政策与宏观经济政策协调。宏观政策的出台或调整应符合产业发展的中长期需要，保持宏观政策的稳定性和可预见性，防止宏观政策的急剧调整变化对产业长期可持续发展造成长久性、结构性的损害，营造有利于产业长期可持续发展的良好宏观政策环境。

四要协调好、处理好产业政策与区域政策的关系。产业政策要与区域发展政策兼容，并形成促进区域产业体系现代化的护理。换言之，我们在制定产业政策时，要充分考虑东中西和东北地区等各区域之间的资源禀赋条件，产业发展基础，区域间的产业分工协作格局等有关因素，使产业政策的实施，能够利于推进区域发展战略，增强各区域的发展能力和发展潜力，推动各区域产业合理分工协作和协调发展，有利于逐步缩小地区差距和城乡差距，最大限度地发挥各区域比较优势，打造各区域的竞争优势。同样，区域战略、规划与政策也要遵循产业培育、发展的规律，也要充分考虑产业集聚性、产业配套性以及产业链供应链匹配性的要求，也要适应现代产业发展特点，主动融入全国、全球生产流通和消费网络，引导和推进具有本地特色和市场竞争力的产业集聚集群发展、开放互动发展、链式对接发展。

五要协调好、处理好产业政策与开放政策的关系。积极参与全球和区域治理，提高在国际经济与贸易规则制定中的话语权，让符合国际规则的产业政策更多发出中国声音、阐释中国方案。

最后，优化减少产业补贴政策，加强产业补贴的合规性与有效性审查。要减少针对一般竞争性行业的财政补贴、税收优惠等政策，清理各类违反公平竞争原则的地方补贴项目与违规税收减免政策，建立政策评估与退出机制。

三 发挥新型举国体制优势，提高产业自主创新能力

现代化的产业体系需要以强大的产业自主创新能力做支撑。建设创新驱动、协同发展的现代化产业体系，需要发挥新型举国体制优势，提高产业自主创新能力。为此，首先需要建设高效协同的科技创新体系，营造鼓励创新的良好环境。一方面，要继续深化科技创新体制改革，强化企业自主创新主体地位，推进政、产、学、研、用、金各主体深度融合和全方位协作协同，培育政、产、学、研、用、金结合、上中下游衔接、大中小企业协同的良好创新格局，解决好创新主体、创新动力、创新成果高效转化等问题，打造创新主体充满活力、创新链条有机衔接、创新效率大幅度提高、高效协同的创新体系。另一方面，要破除制约科技创新的体制机制障碍，拆除各种有形或无形的"玻璃门""弹簧门""旋转门"，加强知识产权保护，提高知识产权服务水平，优化完善科技创新生态和创新产品应用生态，使产业技

术创新体系内的创新主体之间形成的技术创新联盟、技术创新链、技术创新网以及创新主体与创新环境之间实现共存共生、共同进步的良性生态特征。

其次，需要加大重点领域科技创新的支持力度。要充分发挥社会主义市场经济条件下新型举国体制优势，围绕制约产业转型升级和高质量发展的重点产业领域和产业链重点环节的瓶颈制约，集中优势力量，组织优势资源要素做好关键核心技术攻坚克难，加大重点领域科技投入力度，提高研发投入强度，引导和组织优势力量下大力气解决产业技术"卡脖子"问题，加快解决基础软件、先进材料、核心零部件元器件等方面的瓶颈制约，着力推动关键核心技术的自主可控。要抓住新一轮科技革命和产业变革带来的赶超机遇，统筹策划重点产业领域的重大项目布局，瞄准量子信息、未来网络等未来智能，超导材料、增材制造等前沿未来材料，氢能与新型储能等未来能源等前沿领域，实施一批战略性、前瞻性、综合性的国家重大科技创新专项，超前部署产业前沿技术和颠覆性技术研发，提升前沿性、颠覆性技术的供给能力和产业化、工程化能力，孵化培育一批未来产业，发展壮大未来产业集群，引领和主导世界未来产业发展的方向和潮流。

最后，需要加强基础研究，提高原始创新能力。基础研究是科技创新之源，也是产业创新能力进而现代化产业体系建设的基石。特别是在现代科学技术发展进入大科学时代的当下，基础研究与应用研究日趋一体化的发展趋势，产业和经济高质量发展急需高水平基础研究的供给和支撑，需求牵引、应用导向的基础研究战略意义日益凸显。而目前中国基础科学技术研究投入少，研究能力相对薄弱。数据显示，基础研究经费占 RD 经费的比例，世界主要创新型国家多为15%—20%。而中国的这一比例多年徘徊在5%左右，近两年虽有所提高，但2022年也只有6%，比例明显偏低，已经妨碍到了后端产业技术创新能力的提高。改变这种局面，需要优化学科布局和研发投入布局，加强数学、物理等重点基础学科建设，以应用研究带动基础研究，实现基础学科与应用学科均衡协调发展，鼓励开展跨学科研究和交叉研究，强化不同学科的深度交叉融合，科学规划学科发展方向，瞄准重大前沿科学问题，推动问世一批重大原创发现、重大原创理论、重大原创方法、重大原创成果，完善共性基础技术供给体系，努力实现更多"从0到1"的突破，为解决技术装备"卡脖子"问题提供更多源头支持。

四 统筹推进基础设施建设，强化基础设施的保障和支撑能力

基础设施既具有战略性、基础性和先导性，又具有较强的公共品属性。构建现代化基础设施体系，夯实中长期高质量发展基础，是发展现代化产业体系、推进经济体系优化升级的必要条件和重要支撑。经过改革40多年的发展，中国基础设施网络布局持续完善，整体质量显著提升，服务能力明显增强。但是，与建设社会主义现代化强国特别是与建设创新驱动、协同发展的现代化产业体系的要求相比，中国基础设施整体发展质量和运行效率还不高，发展动力还不足，支撑保障能力还不够强大。加快建设现代化产业体系，需要统筹推进基础设施特别是新型基础设施的建设，加快打造既高效又实用、既智能又绿色、既安全又可靠的完善的现代化基础设施支撑体系。

一是要系统布局、加快发展新型基础设施。要充分发挥市场主导和政府引导作用，创新投融资模式，加快发展以5G通信、物联网、产业互联网、卫星互联网为代表的现代通信网络基础设施，以云计算、人工智能、区块链等为代表的新信息技术基础设施，以大数据中心、人工智能关键算法中心为代表的算力基础设施，为数字经济、智能制造等新经济发展提供保障。

二是聚焦综合运输大通道、综合交通枢纽和综合物流网络，主要城市群和重要都市圈轨道交通网络化建设，农村地区和边境地区交通运输的通达深度三个重点，建设更加完备的综合交通基础设施网络，加快推进交通强国建设。

三是以油气电为重点，完善勘探开发和产运储供销体系，优化电力市场和输送通道布局，加快能源供应多元化和智能化，推进能源生产与消费革命。

四是加强水利基础设施建设，推进重大引水调水工程建设，实施一批跨流域跨区域重大引调水工程，提升现有水利工程对区域产业和经济发展的支撑能力，提升水资源优化配置和水旱灾害防御能力。

第六章　建设现代化区域发展体系

区域是产业布局和经济社会发展的空间载体，区域经济是国民经济在不同区域空间的重要表现形式，区域经济发展体系是国民经济体系的一个重要组成部分。建设现代化区域发展体系是新时期新征程中国重大发展战略之一，是贯彻新发展理念，建设现代化经济体系的重要内容和重要组成部分。改革开放以来，中国相继实施了东部率先发展、西部大开发、东北振兴和中部崛起等区域发展战略，构筑起中国区域经济发展总体战略框架，对中国东中西和东北地区等各区域的协调发展发挥了积极作用，奠定了良好的发展基础。

党的十八大以来，党中央、国务院着眼于共享经济发展，缩小区域发展差距，逐步实现共同富裕的发展大局，在原有区域发展战略的基础上，又提出一系列更为具体、针对性更强的区域经济发展重大战略，如京津冀协同发展战略、长江经济带发展战略、粤港澳大湾区发展战略、长三角一体化发展战略、成渝地区双城经济圈发展战略、黄河流域生态保护和高质量发展战略，等等。这些区域发展战略在与"一带一路"建设对接的过程中，奠定了东西南北纵横联动、各个区域优势互补的区域经济发展新格局，发展成效明显。但是，也应该看到，当前中国区域经济发展差距依然比较大，区域经济发展的分化现象还比较明显，无序开发与恶性竞争在部分地区仍然在不同程度上存在，区域经济社会发展的不平衡、不充分、不协调问题依然还比较突出，区域发展体制机制还不是十分完善，建设现代化区域发展体系，形成各地区合理分工、优势互补、高质量协调发展的区域经济新格局，夯实建设现代化经济体系的空间基础依然任重而道远。

第一节　建设现代化区域发展体系的重大意义

党的十八大围绕着全面建成小康社会这个中心议题阐述了新时期中国区域发展要按照有利于发挥各地区比较优势的原则，继续实施西部大开发、中部崛起、东北老工业基地振兴和东部地区率先发展的区域发展总体战略。党的十九大从决胜全面建成小康社会，开启全面建设社会主义现代化国家新征程的宏伟目标出发，明确提出要实施区域协调协同发展战略，推动西部大开发、东北等老工业基地大振兴、中部地区强势崛起、东部地区优化发展形成新格局。2018年11月，中共中央、国务院颁布了《关于建立更加有效的区域协调发展新机制的意见》。该意见指出，实施区域协调协同发展战略是新时代国家重大战略之一，是贯彻新发展理念、建设现代化经济体系的重要组成部分。要通过区域发展体制机制创新，破除区域之间的利益藩篱和政策壁垒，充分发挥各地区的比较优势，缩小区域发展差距特别是基本公共服务方面的差距，推动形成统筹有力、竞争有序、绿色协调、共享共赢的区域协调协同发展新机制、新格局。党的十九届四中全会指出，要推动城乡区域协调协同发展，健全城乡融合发展体制机制，构建区域协调协同发展新机制，形成主体功能明显、优势互补、高质量发展的区域经济布局，发挥各地区比较优势、促进各类要素合理流动和高效集聚，加快构建高质量发展动力系统。党的十九届五中全会通过的《中共中央关于制定国民经济和社会发展第十四个五年规划和二〇三五年远景目标的建议》更为明确地指出，要实施区域重大战略、区域协调协同发展战略、主体功能区战略，健全区域协调协同发展体制机制，完善新型城镇化战略，构建高质量发展的国土空间布局和支撑体系。党的二十大报告再次强调，要深入实施区域协调协同发展、主体功能区、新型城镇化等重大战略，优化重大生产力的区域空间布

第六章 建设现代化区域发展体系

局,打造优势互补、高质量发展的区域经济布局和国土空间体系。

现代化区域发展体系的建设是实现中国区域协调协同发展的重要措施。建设现代化区域发展体系,对中国增强区域发展协调性、拓宽区域发展空间、优化现代化经济体系的国土空间布局结构和支撑体系、构建新发展格局、实现"两个一百年"奋斗目标,战略意义重大,战略影响深远。

一 增强区域发展协调性的重要抓手

现代化的区域协调协同发展是现代化经济体系在空间上的体现。为推动形成现代化的区域协调协同发展新格局,从1998年开始,中国推出了西部大开发、东北等老工业基地振兴、中部崛起、东部率先发展等区域总体发展战略。党的十八大以来,以习近平同志为核心的党中央统筹推进"五位一体"总体布局和协调推进"四个全面"战略布局,提出了京津冀协同发展战略、长江经济带发展战略、粤港澳大湾区发展战略、长三角一体化发展战略、成渝地区双城经济圈发展战略、黄河流域生态保护和高质量发展战略等重大国家战略,推动形成统筹有力、竞争有序、绿色协调、共享共赢的区域协调协同发展新格局。实施区域协调协同发展战略,根据中国社会主要矛盾的发展变化、立足于发挥各地区比较优势和打造竞争优势相结合,解决地区城乡发展的不平衡、不充分、不协调问题,以新发展理念建立现代化区域城乡发展体系,提升全国各层面区域战略和城乡发展战略的联动性和全局性,提高区域和城乡发展的协调性和整体性,有助于进一步开创中国区域和城乡协调发展新局面。

二 拓宽区域发展空间、构建高质量国土空间布局的客观要求

随着大规模基础设施建设特别是全国范围内的高速铁路网络和第五代电信网络等新型基础设施的加快建设,中国东中西部地区及东北地区等各区域间互联互通互达达到前所未有的高水平,为从整体上形成东西南北中各个地区的纵横联动区域发展新格局奠定了良好的基

础。城镇化发展进程加快，推动城市群和大都市圈在中国经济社会发展中扮演的角色越来越重要。同时，中国海洋经济发展方兴未艾、如火如荼，拓展海洋蓝色经济发展新空间的重要性日益显现。实施区域协调协同发展战略，推动建设现代化区域发展体系特别是区域经济发展体系，将区域、城乡、陆海等不同类型、不同功能的区域纳入国家总体战略层面统筹谋划，整体部署、协同推进，推动形成区域城乡互动互联互达、陆海统筹兼顾，构建连接东中西及东北地区、贯通南方与北方的多中心、网络化、开放式的区域开发开发格局，促进经济要素特别是新型生产要素资源在更大范围、更高层次、更广空间顺畅流动和合理配置，对于优化区域空间的产业与经济结构、构建高质量国土空间布局具有重大战略意义。

三 优化现代化经济体系空间结构的重要保障

区域经济是国民经济体系的重要组成部分，也是国民经济在各区域空间布局的主要表现形式。经过新中国成立以来特别是改革开放40多年的发展，中国已从高速增长阶段转变为高质量发展阶段，区域经济发展必须加快转变发展方式，调整优化地区产业和经济结构，培育区域经济发展新动能，推动转换区域经济发展动力。实施区域协调协同发展战略，加快建设现代化区域发展体系特别是区域经济发展体系，推动各区域充分发挥要素禀赋比较优势，深化区际产业链、供应链、创新链、人才链的分工协作和政策链的协调配套；促进生产要素跨区域自由有序流动与市场一体化发展，提高资源要素的空间配置效率；缩小地区间基本公共服务和基础设施等方面的差距，推动实现地区间基本公共服务均等化、公平化，基础设施通达程度趋向均衡合理；推动各地区从主体功能区定位出发，协调人口与资源、产业与经济、生态与环境的空间布局，推动各区域实现更高质量、更有效率、更加公平、更加可持续的发展，将对优化现代化经济体系的空间结构、提高中国经济发展质量和效益发挥重要作用。

四 构建新发展格局的重要途径

加快形成以国内大循环为主体、国内国际双循环相互促进的新发展格局，是以习近平同志为核心的党中央根据中国发展国内外环境、条件变化和新发展阶段的实际情况做出的战略决策，是事关全局的系统性深层次变革。实施区域协调协同发展战略，加快建设现代化区域发展体系，就是要按照市场经济规律，从构建新发展格局的总体目标出发，以完善产权制度和要素市场化配置为重点，全面深化改革，打破市场分割封锁和地区保护，促进要素跨区域自由有序流动，更好地发挥各地区比较优势，使经济发展条件较好的地区和经济圈承载更多的人口和产业，生态功能区强的地区得到更为有效的保护，提升经济布局与人口、资源分布、环境承载力的匹配度，从而促进国内大循环畅通，释放更大内需潜力，发挥国内超大规模市场优势，进而带动国内国际双循环，推动形成区域间彼此协调、国内国际双循环相互促进的发展新优势和新格局。

第二节 建设现代化区域发展体系的主要目标

以习近平新时代中国特色社会主义思想为指导，全面贯彻党的二十大全会精神，认真落实党中央、国务院战略部署，坚持创新、协调、绿色、开放、共享五大新发展理念，按照高质量发展要求，紧紧围绕统筹推进"五位一体"总体布局和协调推进"四个全面"战略布局，立足发挥东中西部地区及东北地区各区域比较优势和缩小东部地区与中西部地区及东北地区的区域发展差距，深化改革开放，加快破除地区之间利益藩篱和政策壁垒，促进区域间治理协调、市场协调、产业协调和空间协调，建设城乡融合发展和区域良性互动体系，增强区域发展的融合性和互动性，实现地区经济发展差距明显缩小、基本公共服务均等化、基础设施通达程度比较均衡、人民生活水平大体相当、贫困地区脱贫攻坚战取得全面胜利并得到持久巩固、承接产业转移实现绿色发展、重点区域产业集聚能力普遍增强、对外开放质量和水平全面提高，区域协调协同发展迈向更高水平和更高质量。

——到2025年，建立与社会主义市场经济体制相适应的区域协调协同发展新机制，区域战略统筹机制、基本公共服务均等化机制、区域政策调控机制、区域发展保障机制等方面的建设取得明显成效，市场一体化发展机制的完善、区域合作机制的深化、区域互助机制的优化和区际利益补偿机制的健全等方面的建设均取得新进展，区域协调协同发展新机制在有效遏制三大区域及东北地区的区域分化、规范三大区域及东北地区的区域开发秩序、推动三大区域及东北地区的区域协同化一体化发展中发挥积极作用。

——到2035年，建立与基本实现现代化相适应的三大区域及东北地区的区域协调协同发展新机制，实现三大区域及东北地区区域政策与财政、货币等政策有效协调配合，三大区域及东北地区的区域协调协同发展新机制在显著缩小区域发展差距和实现基本公共服务均等化、基础设施通达程度比较均衡、人民基本生活保障水平大体相当中发挥重要作用，为三大区域及东北地区建设现代化经济体系和满足人民日益增长的美好生活需要提供重要支撑。

——到21世纪中叶，建立与全面建成社会主义现代化强国相适应的三大区域及东北地区区域协调协同发展新机制，三大区域及东北地区区域协调协同发展新机制在完善区域治理体系、提升区域治理能力、实现全体人民共同富裕等方面更加有效，东、中、西和东北地区在经济社会发展水平和社会大幅度提升的基础上实现高水平协同协调发展，实现三大区域及东北地区高水平的共同富裕，为把中国建成社会主义现代化强国提供强有力的空间保障。

第三节　建设现代化区域发展体系的重点任务

在中国经济由高速增长转向高质量发展、社会主义现代化新征程全面起航的新时期，全面推进区域高质量发展，构建更高质量、更有

第六章 建设现代化区域发展体系

效率、更加公平、更加可持续、更加安全的区域高质量协调发展新体系，需要继续推进"四大板块"协同协调发展，加快现代都市圈建设，培育新的增长极和动力源，完善国土空间布局体系，加强陆海统筹陆海大通道建设，推动形成分工合理、优势互补、全域开放、绿色高效的三大区域及东北地区区域高质量协调发展新格局。

一 继续推进"四大板块"协同协调发展，缩小地区间经济发展差距

由于历史与现实原因，目前中国区域发展的不平衡问题仍比较突出，东部沿海地区与中西部内陆地区之间的差距依然很大。2019年的国内生产总值中，东部地区的生产总值占比51.9%，仍然占据半壁江山。在发展过程中，东部地区长期处于经济快速增长中，但是东部地区的快速发展却吸收了中、西部地区特别是东北地区的劳动力资源、能源资源，使得中西部地区特别是东北地区发展过程中缺少充足的生产要素，不利于其经济发展和产业升级。相关数据表明，东部地区的地区生产总值占全国的比重从2009年开始逐渐下降，但是仍然长期超过50%，超过了中西部和东北地区地区生产总值的总和。东部地区居民人均可支配收入2021年仍然比中部地区高51.7%，比西部地区高61.8%，比东北地区高47.4%。

可见，虽然中央为了缩小地区间的发展差距提出了中部崛起、东北振兴、西部大开发等区域发展战略，但是区域发展不平衡、不协调，东部地区与中西部地区和东北地区发展差距较大的问题仍然比较突出，发展能力和发展潜力方面的差距还出现了不同程度的扩大，构成了新时代实现区域协调协同发展的现实挑战。

建设现代化区域发展体系，必须根据沿海、内陆地区的不同资源禀赋与经济基础，因地制宜，发挥比较优势，取长补短，在东、中、西部地区和东北地区经济互联互通互动、优势互补、协调发展中缩小差距，实现共同发展、共同繁荣、共同富裕。

东部沿海发达地区是全面建设社会主义现代化国家、全面深化改

革、全方位对外开放的排头兵，也是提升中国产业和经济国际分工地位的开路先锋。新时期、新征程中，东部沿海经济发达地区要充分发挥现代制造业和高端服务业发展基础好、技术开发能力强、人力资源丰富、资金充足、交通便利、开放程度高等优势，加快研发新技术和颠覆性技术，加快培育新优势、新动能、新经济，着力提升全球影响力、创新带动力和可持续发展能力，推动产业升级和经济转型，在高质量发展中发挥引领、示范和带动作用，努力建设成为高质量发展先行区、科技创新引领区和现代化建设示范区。更高层次、更高站位地参与到国际经济大循环和国际产业链与价值链分工体系，打造对外开放新优势，率先建立全方位对外开放型经济体系。

中部地区应充分利用承东启西、连通南北，交通网络发达、生产要素密集、人力和科教资源丰富、产业门类较为齐全、基础条件较为优越、发展潜力巨大的有利条件，以先进制造业和现代农业的高质量发展为突破口，加快打造产业发展和科技创新功能平台，加大承接国际国内产业转移和国内各地区产业共建力度，加快推动产业转型升级，加快建设高质量现代化经济体系，打造内陆开放新高地，推动形成中部地区持续全面崛起的新景象、新态势，打造成为国家现代化经济增长新动能区域。

西部地区是陆海中外联动、东西双向互济开放格局的重要组成部分。新时期、新征程中，西部地区应充分利用地域沿边的区位优势和经济后发优势，紧紧抓住共建"一带一路"持续深入推进的战略机遇，补短板、对标杆、强弱项，完善基础设施网络，加快建设内陆开放型经济和沿边开放经济带，深入实施深度新型工业化战略和生态保护战略，加快培育符合西部地区比较优势的特色产业和新兴产业，构建生态型的现代化产业体系进而现代化经济体系，形成优势区域重点发展、生态功能区重点保护的新格局，筑牢国家生态安全屏障，为美丽中国建设提供强有力支撑。

东北地区是中国重要的工业和农业基地，维护国家国防安全、粮食安全、生态安全、能源安全、产业安全的战略地位十分重要。新时期、新征程中,东北地区要继续发挥综合交通网络发达、产业基础较好、有效发展空间较大的有利条件,把经济脱困与产业转型升级和发展体制机制再造有机结合起来,通过环境重塑、结构转型和体制机制再造,加快国有企业战略性重组,大力发展民营经济和混合所有制经济,加快资源枯竭地区接续替代产业培育,积极发展战略性新兴产业和现代生产性服务业,推动产业全面转型升级和经济发展动能的全方位再造,实现东北地区经济社会发展全方位的再振兴。

二 进一步发挥区域经济增长极的龙头牵引作用

近年来特别是党的十八大以来,中国以疏解北京非首都功能为"牛鼻子",推动京津冀协同发展,以共抓大保护、不搞大开发为导向,推动长江经济带发展,以粤港澳大湾区建设、粤港澳合作、泛珠三角区域合作等为重点,全面推进内地同香港、澳门互利合作,培育区域经济增长极取得明显成效。"十四五"和未来更长时期,仍然需要继续发挥京津冀、粤港澳大湾区、长三角等地区规模经济效应开始显现,基础设施密度和网络化程度全面提升,创新要素快速集聚,新的主导产业快速发展的有利条件,对标纽约都市圈、东京都市圈等全球一流区域,实施更大范围、更宽领域和更深层次的全面开放开发,集聚全球优质要素资源和高端产业,推动这些地区进一步发展成为引领区域高质量协同协调发展的重要动力源和增长极。

第一,持续推进京津冀协同发展。要紧紧继续抓住疏解北京非首都功能这个"牛鼻子",高标准、高质量、高效率建设雄安新区和北京市城市副中心,进一步增强京津对河北及周边地区的全方位辐射与带动作用,强化产业协同、创新协同和政策协同,促进京津冀形成交通互联互达、生态共治共管、产业高度关联的地区分工协作格局,探索人口经济密集的区域优化发展新模式,为全国其他地区跨省级的区域协同发展提供可复制的样板。

第二,要继续加快推动长江经济带发展。发挥长江经济带连通东中西三大区域的独特优势，加快沿江基础设施建设进程，加大沿江生态环境保护力度，优化沿江城镇、人口和产业空间布局，强化长三角地区、长江中游地区等重点城市群的集聚辐射带动功能，建设成为促进东中西区域协调协同发展的重要支撑带。尤其要加快推动长江三角洲地区协同创新产业体系建设，提升基础设施互联互通，强化生态环境区域联合共治，加快推动公共服务便利共享，推进更高水平协同开放、创新一体化体制机制，增强配置全球资源能力和创新策源能力，打造中国发展强劲活跃增长极。

第三，积极推进粤港澳大湾区建设。发挥粤港澳大湾区经济开放程度高、经济发展活力强、区域和地缘战略地位重要的优势，全面提升粤港澳区域经贸技术合作层次结构，推进交通物流等基础设施、政务服务等公共服务、雾霾治理等生态环境保护的高标准、广覆盖、均等化，打造高端高新产业聚集区和优质优美生活圈，为践行"一国两制"提供坚强支撑和强大动力，建设资源高效整合、要素自由流动、产业高端集聚的国际一流湾区和世界级城市群，打造经济高质量发展的典范。

第四，加快推进黄河流域生态保护和高质量发展。按照生态环境优先、绿色低碳发展的原则，推进兰州—西宁城市群、黄河"几"字湾都市圈等区域经济中心地带协同发展，充分发挥西安、郑州等国家中心城市的辐射带动作用，大力强化山东半岛城市群的龙头带动作用，推动沿黄地区发展形成地区特色鲜明、生态环境优美、产业发展高质的区域发展新空间。推动黄河流域生态保护和高质量发展在新时期里迈出新的更大步伐，取得新的更大成效。

第五，加快推动成渝地区双城经济圈建设。发挥成渝地区双城经济圈腹地广袤、战略回旋空间大、发展基础相对较好的优势，积极推进成渝地区统筹发展，协同发展，强化成都、重庆、绵阳等中心城市带动作用，深化市场化改革、高水平开放和引领性创新，促进产业、人口及各类生产要素合理流动和高效集聚，推动在西部地区形成支撑和带动全国高质量发展的重要增长极和新的动力源。

三　加快革命老区、民族地区等短板区域发展步伐，提高经济发展质量

由于自然、历史、人文和区位等多方面的原因，革命老区、民族地区、边疆地区、脱贫地区、资源型地区发展比较滞后，已经严重制约着中国区域经济的协调发展。建设现代化区域发展体系，必须攻克这个关键瓶颈制约堡垒，把革命老区、民族地区、边疆地区、脱贫地区、资源型地区的振兴发展放在更加突出的重要位置，推动革命老区、民族地区、边疆地区、脱贫地区、资源型地区加快赶超，实现跨越式发展。

一方面，要培育革命老区、民族地区、边疆地区、脱贫地区、资源型地区的"造血"功能，依托革命老区、民族地区、边疆地区、脱贫地区、资源型地区的特色资源和优势条件，在保护好生态的前提下引导民间资本参与发展特色优势产业和特色民生经济，培育经济内生能力，不断增强落后地区的自我发展能力。

另一方面，要加快建立健全长效普惠性扶助扶持机制和精准有效的差别化、个性化支持机制。加紧研究、加快制定新时期革命老区、民族地区、边疆地区、脱贫地区、资源型地区扶持标准和方式，拓展方式灵活、形式多样的资金、项目、技术、智力等扶持方式，创新政府与社会团体、企事业单位、社会公益组织和个人等多元化主体对口帮扶的模式；要在发挥政府引导作用的同时，注意充分发挥市场机制的积极作用，拓展对口帮扶的互利双赢领域，创新对口帮扶的互利双赢模式，增强对口帮扶的稳定性和持续性。应该加快建设规范稳定的转移支付制度，健全完善地区间的扶持协作机制，促进优质公共服务资源向革命老区、民族地区、边疆地区、脱贫地区、资源型地区等特殊类型区域倾斜，给予特色优势产业发展特殊优惠的扶持性政策支持，提高革命老区、民族地区、边疆地区、脱贫地区、资源型地区等特殊类型区域的发展信心和发展能力。针对边疆地区、民族地区、资源枯竭地区等差异化特点，因地制宜地制定人才引进的工资福利待

遇、医疗社会保障、子女教育就业等方面的配套性优惠政策，稳定当地的人才队伍特别是青年人的创业就业，吸引更多的区外人才投身到革命老区、民族地区、边疆地区、脱贫地区、资源型地区的开放开发建设中来，为上述地区的赶超跨越式发展添砖加瓦，增添力量。

四 坚持陆海统筹，加快建设海洋强国

海洋是中国区域经济高质量协调发展的战略要地，也是中国区域经济高质量协调发展的新的重要载体。改革开放以来特别是党的十八大以来，中国海洋经济发展效果明显、亮点频现，海工装备、海洋生物、海洋电力等新兴产业不断取得突破，海洋渔业、船舶制造等传统产业加快提升改造，海洋服务业创新发展并领跑海洋经济，海洋休闲娱乐、涉海金融等新兴业态彰显生机活力。当前，海洋已经成为陆海内外联动、东西双向互济开放格局中的重要组成部分甚至关键一环。

进入新时代，建设现代化区域发展体系，需充分发挥陆海统筹的战略引领带动作用，大力发展现代化海洋经济新体系，建设世界海洋强国，打造陆海空间良性互动、陆海经济一体化发展的新格局。一是要在推进区域协调协同发展战略过程中，全面把握中国陆域空间和海域空间治理的整体性、完整性和独特性，重视以海定陆、以海助陆，匹配陆海发展的功能定位、空间发展格局划定、开发强度管控、发展方向和发展重点与管制原则制定、政策设计和制度安排，加强陆海开发建设和保护的统一规划、相互协调，既要大力发展海洋油气矿产资源开发、远洋渔业捕捞养殖、海洋旅游观光业、海洋船舶与海洋工程装备制造、海洋生物医药、海水淡化与资源综合利用等蓝色产业和蓝色经济，又要加强海洋生态文明建设和海洋生态环境保护，推进以生态系统建设管理为基础的海洋综合管理，加大对沿海海岸线、沿海滩涂保护和开发管理力度，加强海洋环境污染防治，加强对海洋生物多样性的保护，打造绿色可持续的海洋生态环境系统，不断满足人民群众对美丽海洋、洁净沙滩、蓝色海岸的需要。二是要进一步健全国土空间开发格局，不断健全完善主体功能区配套政策，深入实施海洋主

体功能区发展战略，健全完善不同海洋主体功能区差异化协同发展的长效机制，推动主体功能区战略在辽东半岛、渤海湾、山东半岛、苏沪浙东部沿海经济区、南部海洋经济区精准落地，差异化发展。三是要加强海洋高新技术研发，重点攻破一批涉海产业和海上军工产业发展的关键核心技术。要结合现代化海洋产业体系和世界海洋强国建设的发展需要，在深海和极地探测，海底天然气水合物、大洋多金属结核等矿产资源勘查开发、海底隧道等海洋工程技术及装备制造、海水养殖种植和海洋资源综合利用技术等领域加快突破一批海洋关键领域核心技术，推动海洋科技创新供需精准对接，科技创新成果高效转化和产业化、工程化。四是要加强海洋领域军民军地融合发展，充分发挥海洋对经济社会发展和国防建设双向支撑作用，统筹蓝色经济发展和海洋强国国防建设的发展需求，把军民军地融合发展作为建设世界海洋强国的长远战略抓手。五是要以21世纪海上丝绸之路为纽带，以构建蓝色战略伙伴关系为平台，积极发展"蓝色战略伙伴关系"，打造面向"一带一路"沿海国家的蓝色海洋经济走廊和经济圈，深度参与进而主导全球海洋治理和海洋国际规则制定，积极承担大国责任，为国际海洋秩序向公平公正合理科学方向发展贡献中国智慧、中国方案和中国模式。

第四节 建设现代化区域发展体系的政策建议

一 加快构建统一、高效的区域发展管理机制

设立权威、综合的协调区域发展专门管理机构，加强区域立法建设，强化提升区域政策的法律效力，为建立健全现代化区域发展体系，保障国家区域战略规划和战略布局全面实现提供必不可少的组织保障和法律制度保障。目前，中国区域发展管理体系建设还存在不少薄弱环节，管理机构众多，政出多门，机构职能职责交叉重叠，资金多头分散管理，缺乏统一协调的管理机制和稳定的资金渠道，使得援助的资金资源不能发挥出最大的综合效益；区域经济发展基本以行政

区为界线，缺乏区域间的互动协调机制。改变这种状况，要借鉴发达国家和地区的区域发展管理机构设置和运作的成功经验，进一步明确中央部门和各级地方政府在促进区域协调协同发展方面的职责职能定位，完善中国的区域经济社会发展管理机构设置，加强区域协调协同发展立法工作，保障区域协调协同发展战略的长期稳定实施，确保"一张蓝图干到底"。建议国家根据区域发展的现实需要和未来发展的可能趋势，统筹整合目前的各类区域经济管理机构，在时机适当时在全国人大或国务院系统内建立"国家区域协调协同发展专门委员会"或"国家区域发展政策专门委员会"这样权威的、统一协调的区域政策综合管理机构，统筹研究制定区域发展战略规划、区域产业和经济发展规划、区域社会发展规划，制定既全国一盘棋又能充分发挥各地区比较优势的区域发展政策等，促进区域之间协调协同发展。同时，要加快推进区域协调协同发展立法工作，促进区域协调协同发展的法治化进程。要研究论证促进区域协调协同发展的法规制度，明确区域协调协同发展的内涵、战略重点和方向，健全区域政策制定、实施、监督、评价机制，明确有关部门在区域协调协同发展中的职责，明确地方政府在推进区域协调协同发展中的责任和义务，发挥社会组织、研究机构、企业等各类组织在促进区域协调协同发展中的作用。

二 建设全国统一、开放竞争有序的商品和要素市场

促进区域协调协同发展最终需要发挥市场机制的作用。要通过全面深化改革，打破影响区域间要素自由流动的行政壁垒和地区壁垒，建设全国统一、开放，竞争有序的商品和要素市场，充分发挥市场和市场机制在区域协调协同发展新机制建设中的决定性作用。建设全国统一、开放竞争有序市场，应加快清理废除妨碍统一市场和公平竞争的各种规定和做法，营造规则统一开放、标准互认、要素自由流动的市场环境。在信用、金融、信息、产品质量、公共服务、食品安全等领域均需加强法律法规和标准规范的协同。全面实施全国统一的市场

准入负面清单制度，消除歧视性、隐蔽性的区域市场准入限制，建立市场准入负面清单动态调整机制、信息公开机制和区域协调机制。支持建设跨地区、跨行业的科技资源共享服务平台，鼓励共建科技研发和转化基地与产业园区。探索建立企业需求联合发布机制和财政支持科技成果共享机制。清理城市间、区域内因技术标准不统一造成的各种障碍。

三 完善促进区域协调协同发展的体制机制

首先是健全区域协调协同发展统筹机制。长期以来，中国的产业布局和经济发展受制于行政区划的约束，产业布局和经济发展缺乏统筹规划，各自为政、画地为牢、自成体系，同质化和无序竞争、非理性竞争日益严重。要改变这种状况，建立现代化区域发展体系，需加强国家区域发展重大战略融合发展、发达地区和欠发达地区统筹发展和陆海统筹发展。要抓住"一带一路"建设加速推进的契机，加强京津冀协同发展、长江经济带发展、粤港澳大湾区建设等重大战略之间融合发展，统筹解决区域发展重大问题。要统筹发达地区与欠发达地区发展，坚持"输血"与"造血"相结合，授之以鱼与授之以渔相结合，鼓励发达地区通过开发区、园区、飞地园区等平台跨区域运营，扶持和帮助欠发达地区建立承接产业转移、合作园区等，统筹支持发达地区与欠发达地区共建产业平台，推动形成跨区域的产业分工协作，促进先富带后富，最终实现各地区共同发展、共同富裕。

其次是健全区域经济一体化机制。包括商品贸易、基础设施、要素流动和政策设计等在内的区域经济的一体化有利于推进产业合理分工和优势互补，减少区域自我封闭发展和重复布局、重复建设。要着眼国内国际双循环，加快破除城乡区域壁垒，促进城乡区域要素市场一体化，围绕京津冀、长江经济带、粤港澳等重点区域，编制协同化一体化的发展规划，制定相关的发展政策，用来推动资本、技术、产权、人才、劳动力等生产要素的自由流动和优化配置。

再次是完善区域合作机制。积极发展各类社会中介组织，有序发展区域性行业协会商会，鼓励社会力量组建跨地区跨行业产业、技术、创新、人才等合作平台，探索建立统一规划、统一管理、合作共建、利益共享的区域合作新机制，推动区域间产业分工、基础设施、公共服务、环境治理、对外开放、改革创新等协调联动，提升京津冀地区、长江经济带、粤港澳大湾区等的合作层次和水平，加快推进长江经济带、珠江—西江经济带、淮河生态经济带、汉江生态经济带等重点流域经济带上下游间合作发展，鼓励晋陕豫黄河金三角、粤桂、湘赣、川渝等省际交界地区合作协同发展。

最后是健全区域间利益补偿机制。根据当前国土空间划分，不同的区域有着不同的主体功能定位，不同的主体功能定位意味着有不同的发展权。比如生态功能区主要承担提供生态产品的功能，农产品主产区主要承担提供农产品的功能。不同的发展权导致区域之间实际收益有较大差异，同时，由于中国生态产品价值实现机制和资源价格形成机制尚不十分健全，资源开发地区和资源消费地区也有较大的收益差异。健全区际利益补偿机制，是调整区域利益失衡，促进区域间产业与经济协同发展的重要手段。要贯彻绿水青山就是金山银山的重要理念和山水林田湖草生命共同体休戚相关的系统思想，按照区际公平、权责对等、试点先行、分步推进的原则，建立健全"保护责任共担、流域环境共治、生态效益共享"的市场化、多元化横向生态补偿机制，鼓励流域上下游之间通过资金补偿、项目补偿、对口支援、基本公共服务共享、碳排放交易等多种方式建立横向补偿机制。

四 促进区域公共服务均等化、公平化

包括公共教育、就业创业、社会保障、医疗卫生、社会服务、住房保障、卫生体育等在内的基本公共服务是最基本的民生需求。推进基本服务均等化、公平化，使全体国民都能公平地获得大致均等的基本公共服务，是建立现代化区域发展体系，促进区域协调协同发展的一个重要目标。目前，中国区域间基本公共服务不均衡问题还比较突出，中西部地区基本公共服务的质量与水平与东部沿海地区的差距还

比较大。要改变这种状况，需要健全完善转移支付制度，深入推进财政事权和支出责任划分改革，健全完善权责清晰、财力协调、标准合理、保障有力的基本公共服务制度体系和保障机制。对于财力不足、财政收支缺口大的欠发达地区，中央政府要进一步加大支持力度，扩大转移支付规模，加快完善针对财政困难地区规范化和制度化支持机制，不断提升财政困难地区基本公共服务的财政保障能力，尤其要增加对重点生态功能区、农产品主产区、困难地区的转移支付，提高其公共服务水平，逐步缩小其与发达地区在公共服务水平方面的差距。在符合其他条件的前提下，尽可能将公共事业机构、设施和项目布局在欠发达地区，以便更好地发挥带动作用。要充分利用信息化、数字化、智能化技术加速发展的有利条件，建设方便快捷高效的公共服务平台，推动公共服务资源在更大区域范围内的共建共享，加快建立医疗卫生、劳动就业等基本公共服务跨区域流转衔接制度，方便劳动力跨区域流动，加快农民工的市民化进程，带动各地区新型城镇化的升级发展。

第七章　推动工业经济高质量发展

党的二十大报告指出,"坚持把发展经济的着力点放在实体经济上",而其中的重中之重则是"推进新型工业化"。工业化是中国过去经济发展的主要特征之一。过去数十年间,中国工业从小到大、从封闭到开放、从短缺到充裕,已经建成了门类齐全、独立完整、实力雄厚的现代产业体系,并在生产总值、产品产量、进出口规模、国际竞争力等方面取得了举世瞩目的成就。然而,在看到辉煌成就的同时,也应注意到,近年来中国在从工业大国向工业强国转变的过程中,一些内在问题正逐渐凸显。如何在新形势下爬坡过坎、突围破局,已成为社会各界关注的焦点。本章首先回顾新冠疫情冲击下中国工业在发展韧性、动能转换、补短锻长三方面的重要作用,然后从发展信心、不确定性、结构矛盾、内生动力、绿色转型、要素价格、制度成本七个方面分析当前中国工业高质量发展面临的突出问题,最后从提振信心、减轻压力、扩大开放、转型升级、降低成本、营商环境六个方面提出对策建议。

第一节　疫情下中国工业高质量发展的压舱石作用

新冠疫情对全球经济产生巨大冲击,中国经济克服困难,在全球较快实现恢复增长,量增质升同步推进,实现"十四五"时期良好开局。这其中工业展现出强大韧性、实现逆势增长的作用功不可没,

第七章 推动工业经济高质量发展

疫情冲击下工业在国民经济中的地位和对稳定经济增长的多重作用充分显现。

一 工业发展韧性凸显，对 GDP 的贡献逆势显著回升

新冠疫情和国内外多重因素变局对经济发展带来系统性冲击而非局部影响，特别是新冠疫情对人民的生产生活造成巨大困扰，对服务消费、接触型消费形成巨大冲击。工业相对服务业表现出更强的发展韧性，实现更快的、持续性恢复增长。一是工业增加值实现较快增长。2020 年以来，工业增长改变了自 2013 年以来增速一直低于 GDP 增速和服务业增速的状态，扭转了自 2011 年以来工业对 GDP 贡献逐年下降的趋势。2021 年规模以上工业增加值同比增长 9.6%，比同期 GDP 增速和服务业增加值增速分别高出 1.5 个百分点和 1.4 个百分点。2020 年第二产业对 GDP 的贡献率较 2019 年大幅提高，达到 2015 年以来的最高值，考虑到工业增加值占第二产业增加值的比重超过八成，可以判断工业对 GDP 的贡献率出现了显著回升。二是工业企业经济效益稳步提升。2021 年规模以上工业企业实现营业收入同比增速较上年提高 18.6 个百分点，两年平均增速明显快于 2019 年；实现利润总额同比增速较上年提高 30.2 个百分点，两年平均增长 18.2%，扭转了 2019 年同比下降的情况，且有近八成行业实现利润总额的正增长；营业收入利润率不仅较上年提高 0.76 个百分点，更是比 2019 年提高 0.95 个百分点。

二 动能转换成效显著，新动能引领带动作用突出

近些年来，国家着眼于推动经济高质量发展，围绕构建现代产业体系，抢抓新一轮科技革命和产业变革带来的新机遇，加速布局新兴产业，扎实推进新旧动能转换，新兴产业在新冠疫情冲击下保持强劲增长，成为工业增长的重要贡献力量。一是高技术制造业和装备制造业保持较快增长，对工业持续恢复增长起到强有力的支撑作用。2021 年高技术制造业投资快速增长，不仅远高于全国固定资产投资增速，

而且明显高于制造业的整体平均水平。与之对应,当年高技术制造业增加值同比增速达到 18.2%,而规模以上工业增加值增速仅为 9.6%,前者比后者高出 8.6 个百分点,至 12 月已经连续 14 个月保持两位数增长。2021 年装备制造业增加值同比增速、两年平均增速比规模以上工业分别高出 3.3 个百分点和 3.6 个百分点。国家统计局的数据显示,2021 年高技术制造业和装备制造业对规模以上工业增长的贡献率分别达到 28.6% 和 45.0%。二是新兴产品产量快速增长,新技术新业态不断涌现。智能化、升级型、低碳型新兴产品实现较快增长,基于新一代信息技术的新产业、新业态发展势头强劲。2021 年工业机器人、集成电路、3D 打印设备、智能手表产量同比增长均在 30% 以上,新能源汽车产销量同比均增长 1.6 倍。智能制造、智能工厂、工业互联网、工业软件的发展迈入快车道,制造业数字化转型加快推进。工业和信息化部的数据显示,截至 2021 年 6 月,制造业重点领域关键工序数控化率、数字化研发设计工具普及率分别达到 53.7% 和 73.7%,较 2012 年分别提高 29.1 个百分点和 24.9 个百分点。

三 补短锻长稳步推进,产业链供应链韧性增强

面对全球产业链供应链重构、中美之间大国竞争全面升级、新冠疫情对产业链供应链的冲击,针对中国产业链供应链存在的不稳、不强、不安全隐忧,近几年国家将增强产业链供应链自主可控、安全稳定、韧性弹性、竞争能力置于更加突出的位置,多措并举积极推进固链强链补链,不断打通产业链供应链堵点卡点断点,推动工业经济循环畅通,对工业实现持续恢复增长和高质量发展形成重要支撑。一是系统部署和积极推进强链补链,补短板锻长板取得阶段性成效。全面梳理和分析了 41 个工业大类及其细类的产业链空白点和弱项短板,明确产业链供应链补短板的重点,组织开展强链补链行动,对弱项短板比较集中的领域加大攻关力度,特别是策划实施产业基础再造工程,一些重点产品和部分关键核心技术取得阶段性突破。传统优势产

业链的锻长板不断推进,新型产业链加速培育,育链强链取得积极进展。二是培育"专精特新"企业效果显著,补链强链的生力军正在形成。国家已经分三批培育专精特新"小巨人"企业4762家,带动各地培育形成4万多家省级"专精特新"中小企业。其中,国家级"小巨人"企业中超六成分布于工业基础领域,超七成深耕行业10年以上,平均研发经费投入强度超过7%,远远高于规模以上工业企业、中央企业和全国研发投入前1000家民营企业,平均专利数超过50项,许多"小巨人"企业在多个领域发挥"补短板""填空白"作用,成为补链强链固链稳链的重要力量。

第二节 当前中国工业高质量发展面临的突出问题

工业是国民经济的主体,工业高质量发展是经济高质量发展的基础,也是建设社会主义现代化强国的关键。然而近年来,受全球经济持续低迷以及新冠疫情广泛冲击等因素影响,中国工业高质量发展也面临一些突出问题,具体如下。

一 全球经济持续低迷影响发展信心

逆周期性是宏观经济不确定性的重要特征。当经济下行压力持续增加时,市场活动中风险与收益的敞口被不断拉大,会削弱市场主体的信心、改变市场主体的预期,进而影响微观决策行为并最终抑制宏观经济产出。近年来,受国际贸易争端、金融市场动荡以及地缘政治危机等因素的影响,全球经济陷入持续低迷状态。2020年,受新冠疫情影响,世界范围内正常的生产生活秩序受到严重冲击,全球经济复苏的前景再次蒙上一层阴影,当年全球GDP同比增速降至-3.59%,甚至低于次贷危机影响下的2009年全球经济增速(-1.67%)。2022年初,乌克兰危机爆发,使全球经济面临更加复杂和严峻的发展环境。对中国而言,尽管经济增速与主要发达国家相比仍处于较高水平，但同样也开始进入下降通道。2019年，中国GDP增速为6%，创1991年以来新低。2020年，尽管中国在短时间内有效控制住了疫情，并有序推动复工复产，进而取得了疫情防控和经济社会发展双胜利，但当年GDP增速进一步下降至2.3%。2021年，中国实际GDP增速尽管提高至8.1%，但经济复苏仍然面临着"三重压力"。这不仅会通过生产端直接影响工业企业发展的信心，也会通过消费端间接影响工业企业发展的信心，最终可能会导致工业企业做出收缩业务、减少投资甚至加快退出等决策。如近年来，尽管中国工业企业家信心指数长期高于景气分界点，但预期指数常低于即期指数，表明工业企业对未来发展的信心并没有十足"底气"，而受此影响，中国工业行业固定资产投资（不含农户）完成额增速也开始呈现下降趋势，2020年甚至出现了负值。

二　后疫情时代面临更多的不确定性

新冠疫情不仅对全球经济造成了巨大冲击，也带来了更多的不确定性。这种不确定性的影响广泛而深远，目前仍未结束，并将会在未来很长一段时间内产生重大影响。如全球产业分工体系已受到严重冲击，国际经贸活动曾数度双向中断，全球价值链、产业链、供应链始终未能通畅，在未来中长期内甚至会受政治性、经济性、安全性等因素的影响而面临重构压力。中国众多工业企业，尤其是制造业企业长期在全球生产网络中扮演原料需求者和产品供给者的角色，而美国、日本、欧盟等发达国家或地区则扮演技术供给者与产品需求者的角色。因此，长期处于全球价值链上"低端""被锁定"地位的中国众多外向型工业企业会遭受供给与需求两端的双重压迫：一方面，受原材料供给不足、现金流获取困难、高技术输入受阻等因素的影响，可能会出现产能不足甚至生产中断的现象；另一方面，受世界经济持续疲软、市场需求难以提振、外商直接投资转移、国际分工格局转变等因素的影响，可能会出现产品积压甚至破产倒闭的现象。不仅如此，在中国加快构建以国内大循环为主体、国内国际双循环相互促进的新发展格局的过程中，未来会有更多以前从事外贸出口业务的工业企业将经营重心放到国内市场。而在"转内销"过程中，相关企业可能会在研发设计、标准认定、品牌商标、市场渠道等方面面临很多难点、痛点，如果处置不当，甚至会在特定区域与市场中、特定程度与范围上导致"扎堆厮杀""低端抢占""逐底竞争"等现象。

三 优化升级过程中结构性问题突出

近年来，在建设现代化经济体系的过程中，中国工业持续优化升级，在规模、质量、效益等方面取得了突出成效。然而也应该看到，中国工业"大而不强""全而不优"的特征明显，整体层次仍然偏低。劳动密集型制造业、中低端制造业和高能耗制造业比重较高，规模效益显著型产业的集中度偏低，自然垄断行业的竞争性业务放开缓慢，技术与产品的结构性供需失衡加剧，"僵尸企业"仍然广泛存在等现象已严重阻碍了中国工业高质量发展。相关研究发现：2019年在中国规模以上制造业中，劳动密集型行业主营业务收入占比为55.71%，而资本密集型行业主营业务收入占比为44.29%；中低技术密集型行业主营业务收入占比达到80.11%，而高技术密集型行业主营业务收入占比仅为19.89%。进一步从时间变化角度看，尽管中国高技术制造业增加值占比近年来不断上升，但增速却呈现出下降趋势。如2018—2020年，中国规模以上工业增加值中的高技术制造业增加值占比分别为13.9%、14.4%、15.1%，而增速却分别为11.7%、8.8%、7.1%。不仅如此，一个令人担忧的现象还在于：受"一哄而上"的"升级冲动"影响，当前中国的产能过剩现象不仅发生在化肥、水泥、焦炭等重化工业以及电冰箱、空调、彩电等轻工业中，也已经发生在光伏组件制造、风电设备制造、工业机器人制造、碳纤维制造、医药制造等部分新兴行业中。甚至有些极端的是，部分地方政府将"推进工业化"演变成了"去工业化"，而过快、过早的"去工业化"政策实践也已使部分地区的工业（尤其是制造业）面临被边缘化、被空心化的危机。

四　创新驱动发展的内生性动力不足

创新驱动是实现企业高质量发展的核心。然而近年来，中国创新驱动发展的内生性动力不足，已经开始制约工业企业高质量发展。从投入角度看，尽管中国工业企业研发经费在规模与强度上呈现稳步上升趋势，但增速却有所下降。如2017—2020年间，中国规模以上工业企业研发经费内部支出规模与研发强度分别从1.2万亿元、1.06%提高至1.53万亿元、1.41%，但同比增速却分别从9.76%、0.12%下降至9.31%、0.1%。从效率角度看，中国工业企业的劳动生产率水平仍然较低。如2019年，中国制造业全员劳动生产率为3.09万美元/人，尽管同比上升了6.81个百分点，但与美国（15.13万美元/人）、日本（9.44万美元/人）、德国（9.33万美元/人）等发达国家相比，仍存在较大差距。从技术角度看，中国制造业关键零部件中核心技术和关键共性技术领域的技术缺失较为严重，如智能装备制造业中的感知与在线分析技术、控制系统与工业网络技术、高速精密轴承大功率变频技术以及工业产品生产过程中的设计软件、产品数据库软件、控制软件等仍掌握在美国、日本、德国等发达国家手中，使得"卡脖子""掉链子"的现象还未从根本上改变。从数字化角度看，中国工业企业转型程度不如服务业企业，且与发达国家相比，也存在较大差距。如2020年，中国工业数字经济渗透率为21%，尽管同比上升了1.5个百分点，但仍低于服务业数字经济渗透率的40.7%，且远落后于德国的43.9%、韩国的43.6%、美国的36%。

五　双碳目标下绿色低碳转型任务重

"2030年前实现碳达峰、2060年前实现碳中和"是党中央经过深思熟虑做出的重大决策部署，也是中国向世界做出的庄严承诺。"十四五"规划明确指出，要"加快推动绿色低碳发展"，"降低碳排放强度，支持有条件的地方率先达到碳排放峰值，制定二〇三〇年前碳排放达峰行动方案"。由此可见，以"低能耗、高能效、低排放、高利用"为特征的绿色低碳转型将成为中国未来经济发展方式转变的重要方向。2021年10月，国务院印发的《2030年前碳达峰行动方案》中又明确指出："工业是产生碳排放的主要领域之一"，"工业领域要加快绿色低碳转型和高质量发展，力争率先实现碳达峰"。2021年11月，工信部印发《"十四五"工业绿色发展规划》，从"碳排放强度""污染物排放强度""能源效率""资源利用水平""绿色制造体系"等方面提出了具体目标。对中国工业企业而言，近年来在节能环保技术应用和节能减排政策限制的双重作用下，资源能源利用效率大幅提升，主要污染物排放强度显著降低，但长期形成的粗放型发展模式仍"根深蒂固"，短期内发生根本性转变的难度较高，因此，会面临较大的转型压力。在可预期的未来，政府部门将会在市场准入、技术标准、融资约束等方面出台一系列更加严格的政策法规，也会进一步完善资源能源领域的价格体系、管理体制、监管机制，从而显著增加"高能耗、低能效、高排放、低利用"工业企业的经营压力。与此同时，随着终端顾客加快绿色消费方式转变、上下游关联企业加速绿色低碳转型，对应工业企业的转型升级压力将会骤增，因为这些因素会倒逼工业企业投入一定的人力、物力、财力对产品、业务、技术等进行全面改造升级。

六 要素价格过快上升削弱比较优势

过去数十年，中国工业企业所取得的辉煌成就在很大程度上依赖于较低的成本优势。然而当前，要素价格过快上升已使中国工业企业的比较优势逐渐丧失。如在劳动力成本方面，以北京、上海、深圳三个发达地区为例，截至2016年12月三地区第一档月最低工资标准分别为1890元、2190元、2030元，截至2020年3月则分别提高至2200元、2480元、2200元；在原材料成本方面，以1/3焦煤为例，2016年初全国市场平均价格仅为510元/吨，2020年末则提高至1380元/吨；在土地成本方面，以恒大地产、龙湖地产、融信中国为例，

2016年上半年土地储备的累计平均成本分别为1302元/平方米、3507元/平方米、6009.5元/平方米，2020年下半年则分别提高至2100元/平方米、5569元/平方米、7902元/平方米。在融资成本方面，2016年中国私营工业企业财务费用为3506.21亿元，在利润总额中的比重为13.75%，2020年则分别提高至3718.85亿元、15.63%。相比之下，柬埔寨、越南、老挝、印度尼西亚、孟加拉国等国家的比较优势已显著呈现出来。如国际劳工组织数据显示，2019年上述五国月最低工资分别为182美元、181美元、127美元、111美元、18美元，而中国则为217美元。不仅如此，2020年越南政府部门已明确表态，面对疫情冲击，未来最低工资标准暂不调整，而中国部分地区2021年最低工资标准则已经上调。

七　制度性交易成本仍需进一步降低

近年来，随着供给侧结构性改革、"放管服"改革等不断向纵深推进，中国营商环境也在不断优化，对工业企业解放生产力、提高创新力、增强竞争力起到了积极促进作用。然而当前，制约工业企业高质量发展的体制机制因素依然较多，制度性交易成本仍需进一步降低。如在市场准入环节，还有很多手续、材料、流程有待进一步优化；在少数部门，还有很多不合理的规章制度有待清理；在企业开办注销、免费退税、奖励申请等实践中，还存在"玻璃门""弹簧门""旋转门"等现象。以创办企业环节为例，中国已将所需时间缩减至9天，但仍长于德国的8天、韩国的8天、美国的4天；而在企业破产环节，中国已将所需时间压缩至1.7年，但仍长于德国的1.2年、日本的0.6年、韩国的1.5年、美国的1年。这表明中国企业在创办和注销过程中仍存在很多可优化的地方。以获得信贷环节为例，中国合法权利力度指数为4，低于德国的6、日本的5、韩国的5、美国的11，表明中国利用担保和破产法保护借贷双方权利并为信贷交易提供便利的程度仍有待进一步加强。以企业纳税环节为例，中国企业总税率与社会缴纳费率之和在商业利润中的比重为59.2%，高于德国的48.8%、日本的

46.7%、韩国的33.2%、美国的36.6%,表明中国一系列减税降费的政策措施尽管取得了积极成效,但企业税费负担仍然不轻。

第三节 促进中国工业高质量发展的对策建议

工业强,则国家强;工业兴,则国家兴。对上述问题的分析表明,中国工业高质量发展面临着国际国内双格局下的多种挑战,而在多重压力叠加的情况下,迫切需要更全面、更详尽的政策支持。为此,从以下六个方面提出对策建议。

一 提振工业企业投资信心

面对经济进入下行通道造成工业企业投资信心不足的问题,建议进一步加大正面引导,出台"保市场主体"的政策"组合拳",提振工业企业投资信心。一是进一步增强决心、意志与底气,如紧紧围绕中国经济发展长期向好的基本面并未改变这一基本事实,加强宣传教育,引导工业企业家正确认识当前国内外复杂环境与多变形势,坚定道路自信、理论自信、制度自信和文化自信。二是进一步激发市场主体活力,如以经济增长理论、消费需求理论、个体动机理论、期望效用理论、企业家理论、利益相关者理论、产业政策理论等为支撑,立足当地要素禀赋、产业发展特色以及财政收支状况,借鉴发达国家(或地区)的经验教训,围绕工业企业进入、退出全过程以及研发设计、生产制造、物流仓储、市场销售等价值创造活动,因地制宜地设计并完善培育壮大市场主体的政策体系;落实放宽市场准入的政策举措,放开石油、化工、电力、天然气等领域的竞争性业务,在银行、保险、证券、资产管理等金融行业加快市场化改革;依托"一带一路"建设以及京津冀协同发展、长江三角洲区域一体化发展、粤港澳大湾区建设等重大国家战略,鼓励民营工业企业、中小微型工业企业积极参与重大规划、重大项目、重大工程、重大活动。三是进一步汇聚众志成城力量,如大力弘扬爱国精神、劳模精神、工匠精神,引导工业企业家树立崇高的使命感与责任感，自觉把个人理想、企业未来与国家发展、民族复兴紧密融合起来。

二　减轻市场主体生存压力

面对新冠疫情反复给工业企业带来的冲击，建议继续落实普惠性和结构性纾难解困政策，减轻市场主体的生存压力。一是进一步减轻流动性资金的暂时性断裂压力，如依托区域性银行机构，创新绩效考核机制和金融服务平台，通过设立低息专项贷款项目、拓宽抵押物与质押物范畴、延长贷款期限等方式，提高对相关企业的直接融资比重。二是进一步减轻原材料供应受限和招工难压力，如对辖区内相关企业进行广泛调研，在摸清需求规模、需求结构的基础上，由政府部门牵头建立暂时性分流机制，保证生产线不停工，与此同时，由政府部门组织相关企业到原材料生产地区进行集中采购、到劳动力丰富的地区进行广泛宣传，并通过包车、包机、包船等方式，将企业生产急需原材料运回、急需员工聘归。三是进一步减轻订单骤降和产品销路阻滞压力，如依托大中型国有企事业单位和"两新一重"建设工程，搭建专门平台，集中征集、发布相关需求条件，优先将订单发包给符合资质但受疫情影响较重的工业企业；创新产品营销模式，组织开发一系列具有地方特色并符合当前市场需求的产品，循序与各大电商平台合作建立销售专区，通过线上展示、直播带货、购物优惠等方式，培育有效的消费热点。

三　扩大更高水平双向开放

面对大国经济发展的战略关口以及世界百年未有之大变局，建议进一步加快构建以国内大循环为主体、国内国际双循环相互促进的新发展格局，扩大更高水平双向开放，帮助工业企业深入挖掘国际、国内两类市场需求及其潜力。一是进一步助推国内工业企业"走出去"，如发挥驻外使馆和海外华人团体的积极作用，建立海外企业家协会，搭建海外服务平台，构建特色功能模块，集成有效招商信息，组织国内工业企业相关人员学习海外国家人文礼仪、基本法律、市场规则等知识，为其赴海外提供专业化、本地化、系统化服务。二是进一步加强工业领域利用外资的力度，如进一步修订、出台外资准入负面清单，减少、取消外资准入的多重限制，排查、清理外资领域冗余、无效的部门规章和规范性文件，加强在以煤炭、非金属矿等为代表的采矿业领域和以汽车、船舶、飞机等为代表的制造业领域的对外开放力度，鼓励外商投资企业参与包括国有企业在内的优化重组。三是进一步支持外贸型工业企业"转内销"，如优化出口转内销产品认证环节，缩减办理时间、简化办理手续；搭建外需转内销电商平台，组织大型商业企业开展订单直采，举办带货周、购物节等活动，多渠道引导外贸型工业企业对接国内市场消费需求。

四 引导工业企业转型升级

面对中国工业整体上的"大而不强"与"全而不优""双碳"目标下的"硬性约束"与"逆向倒逼"、技术创新中的"卡脖子"与"掉链子"等问题，建议进一步发挥政府的积极作用，加快引导工业企业转型升级。一是进一步破除转型升级中的"追赶型"思维，如重新反思传统工业化理论，深刻认识当前新一轮工业革命的本质特征及其所带来的历史性机遇，对"中国正处于工业化后期"这一判断进行理论修正，将"从1到N"的战略思维转变为"从0到1"，从战略层面出台促进中国未来工业高质量发展的规划指引和政策制度。二是进一步提高工业企业集群发展的水平与效率，如加大财政支持力度，按照特色化定位、城市化建设、产业化引进、配套化支持、优质化服务等理念，推进各类中小微型产业园区、示范基地、标准厂房、众创空间等载体的新建与发展，扩大国家级高新区、经济技术开发区、新型工业化产业示范基地等载体的规模和范围，增强创新要素与资源的综合承载能力。三是进一步支持工业企业提高技术创新能力，如发挥国家制造业转型升级基金、先进制造产业投资基金、战略性新兴产业引导基金等"国家队"的积极作用，引导传统工业中的大中型企业聚焦主营业务和共性技术，加快改造升级力度，增强核心竞争优势；引导优势工业企业在全球价值链、产业链、供应链关键环节和核心业务上进行重组整合，在产品、市场、技术等方面形成前沿、新兴、适宜等多层次梯队，提升固链、补链、强链基础，形成具备生态主导力的龙头企业；引导中小微型工业企业走"专精特新"发展之路，立足自身发展实际，科学有序地推动人工智能、大数据、物联网、区块链等新技术深度融合，提升数字化、信息化、智能化发展水平。四是进一步支持工业企业绿色低碳转型，如发挥国家绿色发展基金的积极作用，引导工业企业应用清洁技术、转变用能方式、开展节能改造，探索资源集约、环境友好的转型升级方案；完善生态环境领域的法律法规和政策标准，鼓励工业企业建立自我监督约束机制，自觉履行环境保护的社会责任，主动公开节能减耗等绿色发展信息。

五 降低工业企业经营成本

面对要素价格过快上涨导致企业经营优势逐渐被削弱的问题，建议进一步加强顶层设计，健全要素市场体系，完善减税降费政策，切实降低工业企业的经营成本。一是进一步完善各类要素市场化发展规划，如加强在土地、资本、技术等要素发展过程中的规划研究，建立以数量、结构、质量、分布等为核心指标体系的预测预警制度；结合主要矛盾和地区问题，稳妥推进要素市场制度建设及相关配套支持体系建设，促进各类要素与经济、社会长期均衡、协调发展。二是进一步加强政策创新的精准度和有效性，如鼓励民营工业企业、中小微型工业企业联合参加工业用地的招拍挂，根据不同类别建立更加细分的基准地价体系，创新短期出让、使用标准厂房、易地发展等弹性供地方式，降低工业企业用地成本；建立区域间统一、协调的人力资源市场体系，加大对各类劳动者开展规模化、系统化、科学化职业技能培训的财政支出力度，探索合法、合理、弹性、灵活的多样化劳动方式，降低工业企业用工成本；灵活运用政策性担保和再担保机制，为相关企业融资增信，并对其他担保机构开展业务进行风险补偿、保费补贴,降低工业企业融资成本。三是进一步保持减税降费政策的持续性和稳定性,如在新冠疫情还未结束前,继续探索利用降率、减免、扣除、递延、结转、抵税、退税等方式,降低市场主体在增值税、所得税、社保费、用电费、用水费等方面的负担,确保包括阶段性减免社会保险费、降低社保费率和降低用网、用水、用电价格等在内的一系列减税降费优惠政策红利能真正被相关工业企业享受到。

六 持续推动营商环境优化

面对制约工业企业发展的体制机制因素和实践过程中存在的隐性壁垒等问题,建议进一步加快在关键环节和重点领域的改革步伐,持续推动营商环境优化。一是进一步优化公平竞争的市场环境,如深入推进部门联合"双随机、一公开"监管,加快信用监管和"互联网+监管"改革;结合存量清理和增量审查原则,逐步废除妨碍统一市场和公平竞争的法律法规,逐步清理与企业属性相关的市场准入、资质条件、政府补贴等政策举措,坚决禁止在招投标过程中设置超过项目要求或与业务能力无关的约束条件;建立健全妨碍、破坏优化公平竞争市场环境的投诉举报渠道和回应处理机制,引入政务服务的"好差评"制度,完善独立第三方对全流程进行审查、评估的机制,及时将结果向社会公布。二是进一步健全平等保护的法治环境,如提高司法审判和执行效率,避免影响工业企业的正常生产经营秩序;加大知识产权保护力度,健全快速协同机制与多元化解决机制,提高侵权赔偿标准,完善惩罚性赔偿制度和信用联合惩戒制度,提高违法成本;设立企业维权平台,加大冤假错案甄别纠正力度,保障企业家合法权益,完善涉政府产权纠纷治理长效机制。三是构建"亲""清"新型政商关系,如完善政企沟通机制,畅通企业家诉求传递通道,定期由政府部门主要负责人参与听取工业企业发展过程中遇到的难题及对政府服务需求的意见;政策制定过程中充分尊重并吸纳企业的有效建议,政策调整过程中设置合理过渡期以保障企业能顺利适应与调整,政策执行过程中不搞"一刀切"并坚持实事求是的原则。

第八章　推动数字经济高质量发展

党的二十大报告明确指出,要加快发展数字经济,"促进数字经济和实体经济深度融合,打造具有国际竞争力的数字产业集群"。近年来,全球范围内的数字经济发展势头强劲,开辟了继农业经济、工业经济之后新的经济形态。虽然数字经济处于发展的初期阶段,但充分显示出了不同于工业经济发展时期的新特点和新趋势。相比之下,中国数字经济很早就已经起步,近年来发展较快,在助推实体经济高质量发展方面取得了显著成效。然而,在旧问题加剧异化与新现象不断叠加的当下,中国数字发展过程中的一些新问题也不断涌现。如何在新形势下推动数字经济高质量发展进而建设数字中国,已成为社会各界关注的焦点。本章首先讨论数字经济在主导产业升级、加速产业融合、提升网络效应等方面的积极作用,然后从数字泡沫、数字迷恋、数字侵蚀、数字幻觉、数字垄断、数字陷阱、数字鸿沟、数字依赖、数字歧视九个方面分析数字经济高质量发展面临的突出问题,最后从协同发展、解决差距、破除壁垒、完善规制四个方面提出对策建议。

第一节　数字经济与实体经济深度融合发展新趋势

一　数字产业主导产业升级

技术进步和技术创新是推动产业升级的根本动力,数字经济条件下拉动经济增长的主导产业将是数字技术创新带动的数字产业。随着新一轮信息技术革命的深入推进,世界主要国家将信息通信技术置于优先发展的关键领域。例如,美国将人工智能、量子信息科学、5G、先进制造等定义为国家的"未来产业";日本注重开发人工智能、物联网、大数据、机器人、3D打印技术等,通过制订实施研发计划旨在实现"破坏性"创新;中国则以人工智能、量子信息、集成电路、生命健康等前沿领域的重大项目为抓手抢抓高技术领域制高点;韩国重点聚焦人工智能半导体产业化发展战略。数字产业作为数字经济的核心产业,主要包括计算机通信和其他电子设备制造业、电信广播电视和卫星传输服务、互联网和相关服务、软件和信息技术服务业等,对应于《国民经济行业分类》中的26个大类、68个中类、126个小类,可将其合并为数字产品制造业、数字技术应用业、数字要素驱动业、数字产品服务业四大类。数字产业化既是新兴产业,也是产业数字化的基础和支撑。

数字产业的发展是数字经济发展的首要表现。观察世界500强榜单,不同国家入榜企业的类型在一定程度上反映了其主导产业。例如,作为世界第一数字经济大国,美国企业进入世界500强之列的主要是数字平台型企业、能源企业和健康企业。世界500强企业的类型和国家分布在一定程度上可以反映全球主导产业演变和各国主导产业演变所处的阶段。欧洲、日本、韩国以制造业、能源及保险业企业为主;中国则是以金融企业、能源资源类企业为主。例如,2021年,全球半导体行业比上一年增长25%,大大高于其他产业增速,成为驱动世界经济增长的重要力量。中国数字产业化规模为8.4万亿元,同比名义增长11.9%,占数字经济的比重为18.3%,占GDP的比重为7.3%。

数字经济发展一方面表现为数字产业化发展,另一方面表现为数字技术向其他产业渗透,或者说是产业数字化。数字技术渗透率反映产业数字化水平,由于中国首先是从消费端开启数字化发展,因此,服务化渗透率最高,但长远来看,工业尤其制造业的数字化转型将是数字经济发展质的飞跃。2021年，中国产业数字化规模达37.2万亿元，同比名义增长17.2%，占数字经济的比重为81.7%。

按照传统的产业结构演变规律，随着人均GDP的提高，产业结构趋于高级化指产业结构逐步从低级形式转向高级形式，由第一产业占主导向第二产业、第三产业占主导演进，这被称为"库兹涅茨"过程。其中，制造业比重的长期下降多年来也被认为是一个经济体进入到高收入的后工业化社会的重要标志和共同特征。研究表明，当一个经济体的人均GDP达到1万国际元（以1990年国际元来计算），制造业占GDP比重处于30%—40%之间，这一般是中等收入国家的工业化和城市化快速推进阶段；随着人均GDP进一步提高，制造业份额会逐步下降，当人均GDP达3万国际元时，制造业份额甚至会低于10%。但是，数字经济发展在一定程度上对上述规律形成了挑战。首先，数字经济的发展，使得制造业出现从"微笑曲线"到"武藏曲线"的反转，使其成为高附加值的行业，此制造业已不是彼制造业。其次，发达经济体主动对产业结构作出修正。为尽快克服2008年国际金融危机的影响，以美国、日本和德国等为代表的发达经济体，开始重新审视制造业的作用，实施促进制造业回归政策。这说明近百年来，发达经济体产业结构的变化有向其他国家转移低附加值、高污染的产业的因素。此外，传统的产业结构演变规律是在工业技术范式下的产业发展规律，而新的数字技术范式出现后，产业发展出现新的变化。近年来，全球制造业在全球GDP中的占比一改下降趋势逐步上升，在一定程度上说明数字技术对制造业的提升作用。2021年，中国工业增加值占全球的比重超过25%。

以传统工业化理论和工业化水平标准来衡量，中国总体上已进入工业化后期阶段，制造业占比下降，服务业成本提高导致的生产率降低和结构性减速规律业已显现。针对这一现象，有些研究认为，制造业在GDP中的占比下降是产业结构高级化的必然结果，实施稳定制造业占比的政策没有必要也不可能抑制这种变化趋势。但从全球产业发展趋势看，数字经济的发展已使全球制造业占比回升，"十四五"

规划中提出的保持制造业比重基本稳定,并不只是解决中国的特殊问题,而是顺应数字经济时代新的发展规律。

数字经济的发展一部分表现为数字技术对其他产业部门的渗透,因此,数字经济发展水平不适用传统产业结构的划分标准,需要有新的标准,产业数字化水平是反映数字技术应用范围以及数字要素依赖程度的指标。需要指出的是,数字经济是工业经济的延续,工业发展水平影响数字经济的发展。对比全球不同收入国家产业数字化的占比,可以发现,高收入国家的产业数字化占比明显高于中低收入国家,发达国家高于发展中国家。工业基础好的国家数字经济发展较好。

二 数字技术加速产业融合

过去几十年,随着世界经济一体化和产业规模的扩张,产业分工从水平分工到垂直分工再到产业链分工,产业分工深化使工业经济条件下的生产效率达到了空前水平,成为促进经济增长的重要源泉。如同产业分工一样,产业融合也是产业演进中的一个重要裂变过程,数字技术的出现和发展加速了产业融合的进程。数字成为生产要素进入生产过程源自技术创新的作用,数字经济条件下融合式发展则是市场主体利用技术优势寻求新的发展动力和新的竞争优势的过程,最终表现为新业态、新模式、新产品、新服务的诞生,推动经济进一步发展。具体来说,产业融合具有六个方面的效应,即创新性优化效应、竞争性结构效应、组织性结构效应、竞争性能力效应、消费性能力效应、区域效应(陈柳钦,2007)。

按融合的范围分,主要包括产业融合、产品融合和市场融合。首先,产业融合包括数字产业与传统产业融合,第一产业与第二、三产业融合,制造业与服务业的融合,产业上下游的融合。其中,数字产业与传统产业的融合不仅促进产业数字化成为数字经济最核心的部分,而且成为产品融合和市场融合的催化剂,引致产业发展基础、产业之间关联、产业结构、产业组织形态和产业区域布局等方面的根本变化，最终影响产业结构的演变方向。其次，产品融合是产业数字化转型的最直接的体现，是"数字+产品"的创新形式，如智能手机、智能冰箱等。产品融合使得消费者拥有更加便利的消费体验，获得更贴切的服务，从而愿意支付更高的价格，实现了增值效应。最后，市场融合，即通过数字技术使原本不同行业面对同一市场，原先处于不同市场的非竞争性的产品开始转化为竞争性产品，例如，手机视频与电视市场的融合、手机照相对照相机的替代等。市场融合是企业生产边界的扩张，因为企业市场范围的扩大有利于进一步降低企业的成本，这也是数字经济规模效应的表现。

融合式发展客观上要求放松产业管制。因为只有放松管制，才能释放融合式发展带来的经济活力和增长潜力。前文提及的数字经济发展的制度法律环境，不仅包括数字企业和数字产业的治理，还包括产业政策本身根据数字经济发展做出的调整。需要指出的是，融合式发展不是放松管制的结果，而是通用数字技术的作用，是寻求经济增长的一种经济现象。关于产业融合的政策意义，欧盟各成员国曾经就产业融合与政府规制等问题掀起了一场大辩论，也引发了众多国家或地区的广泛关注。一些国家逐渐开始针对产业融合发展起草或制定了相应的法律文件或政策措施。例如，英国于1998年发表了两份关于产业融合的报告，分别是《通信规制绿皮书：信息时代的融合途径》和《融合技术：新知识经济的结果》。前者就融合促进相关产业发展（涵盖广播和电信业等）过程中的规制框架下的政策含义进行了广泛讨论，而后者则对信息系统、电信与广播的融合所能产生的潜在影响进行了评估，尽管这种潜在影响可能发生在之后10年，甚至可能发生在对企业、政府政策以及除信息业以外的其他产业上。中国积极推动产业融合，国务院自2014年出台了一系列政策，如《"十四五"信息化和工业化深度融合发展规划》《关于加强产融合作推动工业绿色发展的指导意见》《虚拟现实与行业应用融合发展行动计划（2022—2026年）》《数字化助力消费品工业"三品"行动方案（2022—2025年）》等，工业和信息化部还专门设立产业融合发展处。

融合式发展是数字经济的一个重要特征，姜奇平（2020）提出产业融合是工业经济和信息经济的分水岭，是形成工业经济和信息经济分化的关键标志，分工理论不能作为新的数字经济的理论基础，反而应该构建一个新的经济学理论框架，这个框架则要以产业融合为基础。还有学者指出，产业融合使得建立在清晰的产业边界上的传统理论无一例外地面临着前所未有的挑战，如产业生命周期理论、产业组织理论、产业结构理论、产业规制理论、产业创新理论和战略管理理论等。因此，如何从一般性理论阐释的角度对这种"革命性"产业创新形式进行分析，并以此为基础构建一种能够广泛适应产业融合发展环境的理论体系，应是未来产业融合领域研究的重点（李美云，2005）。产业融合无论是从理论上还是从实践上，都给传统的产业组织理论带来了冲击，一些传统的研究范式难以对产业融合现象做出解释（余东华，2005）。

在上述三类融合中，产业融合发展对产业政策制定的影响更大。例如，制造业与服务业的融合，在一定程度上可以减轻制造业的产能过剩，同时也可以抑制过度服务化。伴随着数字经济的发展，服务业与制造业的关系表现出较强的产业关联性，而传统意义上的"此消彼长"产业转移关系逐渐弱化（张捷、陈田，2016）。以第三产业占比提高作为产业结构高级化的传统判断标准在数字经济条件下不再适用。目前，学术界关于产业融合的研究大都局限于融合的效果与作用，而研究融合对产业结构演变规律的影响较少。另外，中国提出的保持制造业比重基本稳定，需要借助数字经济条件下产业发展的新趋势进行判断。根据本书作者的初步测算，中国产业融合度较高的广东、浙江等地区，制造业占比也较高，二者具有一定的相关性。

三 数字平台提升网络效应

数据平台是处理大数据的技术组织形式。从内容、功能和性质分析，包括数据存储、数据挖掘、数据分析等多种数据平台，这些平台旨在完成数据采集、ETL、存储、结构化处理、挖掘、分析、预测、应用等。对于存储平台，比较重要的方面包括数据的存储效率、读写效率、访问能力、对结构化与非结构化数据存储的支持。对于大数据挖掘平台，比较重要的功能涉及所支持的挖掘算法、算法的封装程度、数据挖掘结果的展示能力、挖掘算法的时间和空间复杂度等。从服务性质看，数字平台有 B2B、B2C、P2P，还有政务公共平台、企业平台等。

平台企业连接生产厂家、服务商家、消费者，是生产交换关系的枢纽，整合多个市场主体和众多消费者的资源，通过算法能够改变传统市场经济条件下的价格形成机制以及生产者与消费者的剩余。平台型企业对国家社会、产业和消费者的影响远远超过一般意义上的传统企业。平台型企业具有网络效应即"梅特卡夫效应"。平台型企业价值增长遵循"梅特卡夫定律"，随着客户的增长，价值呈现指数式增长。总体来看，大国经济具有数字经济发展的有利条件。中国产业种类齐全，企业数量众多，如果中国有越来越多的企业构建从生产到运营和管理的数字化网络系统，将会形成更大的网络效应，较大幅度地提升产业竞争力。以阿里巴巴零售平台为例，该平台有近 1000 万卖家，超过 5 亿买家，数十万家服务商。2016 年，该平台交易总额已经超过国际零售巨头沃尔玛集团，达到 5000 亿美元，如果将该交易额和国家的 GDP 进行比较，该零售平台的经济体量将是全球第 21 大经济体，可以比肩阿根廷的 GDP 总量。平台企业普遍存在创立时间短、发展势头强劲、生命力旺盛的特点，是引领数字经济发展的关键动力（裴长洪等，2018）。虽然全球主要平台企业的平均创设时间只有 22 年，但是全球十大平台企业的总市值已经超过创建时间超过百年的全球十大跨国公司的总市值。2022 年，世界 500 强品牌企业前十大企业中，平台型企业占据 8 位。金融和制造类企业排位居后。在最新的《财富》世界 500 强排行榜中，苹果公司成为全球最赚钱的公司。目前，全球信息与通信技术（ICT）巨头企业纷纷进入工业互联网领域。国外的数据平台企业已呈现专业化发展趋势。据中国工业互联网数据统计，中国工业互联网平台数量已超过100个，连接工业设备数达到7686万台，服务企业160万家。

中国工业产品出口的主力军是私营的中小企业，这些企业在理论上难以跨越生产率的门槛，但实际上却贡献了近48.6%的贸易总额。其中，重要的原因是数字平台通过集结数以千万的中小微企业商品出口，使得单位出口成本大幅下降，形成了中小微企业商品出口的"生产率悖论"。国外市场化的交易平台发展也非常迅速，并形成了一定的规模。

与传统市场供需双方直接交易不同，平台组织模式能够有效整合双边甚至多边市场，产品的供需双方通过中间平台完成交易，改变了传统企业之间、产品之间"面对面"的直接竞争，在纵横交错的网络关系当中，促进企业之间逐渐形成"竞合共生"的产业生态。平台企业一方面通过协调两类或多类顾客之间的需求获取利润，另一方面，平台企业通过撮合交易和影响定价机制，在数字经济活动中形成社会财富创造和利润分配的控制力。

数字经济一方面通过平台型企业发展，推动产业组织向网络化和平台化的共赢共生的生态系统演化；另一方面，数字经济也会产生新的垄断行为。平台企业垄断识别、反垄断是数字经济条件下产业经济学研究的热点，也是政策监管的重点和难点。2020年6月16日，欧盟委员会宣布将对苹果公司旗下的苹果应用商店和苹果支付展开反垄断调查，以查明苹果公司是否存在利用市场力量排除竞争的行为。2020年10月6日，美国众议院司法委员会发布的《数字市场竞争状况调查报告》载明了司法委员会对包括苹果、亚马逊、谷歌和脸书在内的4家科技公司的调查结果，并以此为切入点对美国的数字市场竞争状况进行了阐述，其中重点分析了科技巨头滥用市场支配力量、排除市场竞争的问题以及这些问题是否削弱了美国经济发展的创新动力、侵犯公民所享有的隐私权与个人信息权益等。2020年11月10日，欧盟委员会以亚马逊公司利用平台数据为旗下的自营品牌获取不公正的竞争优势为由，对其提起反垄断指控，认为亚马逊公司通过自身的数据处理系统对第三方零售商的非公开商业数据进行收集、归纳与分析，并利用分析结果为自营品牌调整定价、制定销售策略。中国也在不断加强对数据平台的反垄断调查和处罚。2021年2月7日，国务院反垄断委员会印发《关于平台经济领域的反垄断指南》。2021年11月18日，国家反垄断局正式成立，国家市场监管总局新增了反垄断执法一司、二司，将反垄断机构提升到了前所未有的地位。根据《平台反垄断监管观察报告（2021）》，截至2021年12月14日，中国市场监管总局共发布反垄断处罚案例122起，多达92起与平台企业相关。阿里巴巴因涉及"二选一"行为被罚182.3亿元，更创下中国反垄断罚金的最高纪录。此外，美团、食派士同样因"二选一"分别被罚34.5亿元和116.9万元。其余企业均涉及违法实施经营者集中被罚款50万元。国外规制平台经济的垄断行为主要包括禁止平台在依赖于平台的市场中运营、禁止平台的自我优待行为、禁止平台具有降低竞争效果的战略收购、改进反垄断相关立法、强化反垄断机构执法等。

　　传统产业组织理论解决市场公平竞争问题有三个流派：一是哈佛学派"结构—行为—绩效"（Structure Conduct Performance，SCP）分析范式，主要以行业集中度判定企业是否处于垄断地位，并认为垄断阻碍创新，寻求垄断利润，造成资源配置非效率和降低社会福利。二是芝加哥学派，认为哈佛学派将企业规模的扩大与垄断势力的提高视为等同是不合理的，这是因为企业规模的扩大和集中度的提高并不单纯是为了获取垄断利润，完全有可能是由技术因素或规模经济的内在要求决定的。芝加哥学派用"可竞争市场理论"代替SCP理论，主张重新审视垄断企业的判定标准，不应该毫无区别地对大企业实行强硬的反托拉斯政策。三是新产业组织理论，该理论在上述研究基础上进一步提出，企业规模的大小与交易费用有关，交易费用则取决于交易活动的复杂程度和不确定性，而交易者的行为属性影响了交易活动的复杂性，因此应该加深对交易者行为属性的研究。新产业组织理论主张打开企业的"黑箱"，深入企业内部研究企业组织结构和委托代理等问题。近年来欧美一些发达国家连续发生金融诈骗和财务丑闻事件，交易双方信息不对称和诚信缺失是管理层欺诈行为的重要原因。信息不对称问题和管理层的不确定性行为是当前产业组织理论研究的重点。一些观点认为，信息不完全和诚信缺失导致公司管理人员实行欺诈，使社会中介环节的社会监督机制失效。数字技术发展，为治理提供了有效的工具。例如，区域链技术可以避免数据造假，数据的联通可能解决信息不对称等问题。此外，数据平台的治理也达到前所未有的难度，新产业组织理论关于打开企业黑箱的观点，对数据平台治理具有指导意义。

第二节 当前数字经济高质量发展面临的突出问题

任何事物都具有两面性。数字经济也是如此。近年来，数字经济发展迅猛，已成为"重组全球要素资源、重塑全球经济结构、改变全球竞争格局的关键力量"，可与此同时，有关客观认识、理性对待、规范发展的呼声也在日渐增强。2021年10月18日，习近平总书记主持中央政治局第三十四次集体学习，在强调"把握数字经济发展趋势和规律"的同时，也强调要"推动我国数字经济健康发展"。唯有如此，才能有利于推动构建新发展格局、建设现代化经济体系、构筑国家竞争新优势。2022年1月12日，国务院发布的《"十四五"数字经济发展规划》明确指出，"数字化转型已经成为大势所趋"，但"规范健康可持续是数字经济高质量发展的迫切要求"。当前，中国数字经济高质量发展也面临如下一些突出问题。

一 数字泡沫

从学术范畴的角度看，研究者们普遍认同数字经济的重要性，但对其内涵与特征等系统性认知至今未能达成一致（张森等，2020；焦帅涛、张秋碧，2021），而在此情形下，却有越来越多的研究者将主要精力投入到对数字经济的统计、核算、测度与评估上（续继、唐琦，2019；陈玲等，2022）。这种"跨越式"的研究行为有自身的合理性，但却难以摆脱舍本逐末之嫌，已经在很大程度上助推形成了数字泡沫，并不利于指导实践发展。从产业发展的角度看，不管是中央政府，还是地方政府，近年来都十分重视发展数字经济，但部分地方政府，尤其是区县级地方政府，忽视技术发展规律、要素承载能力和当地资源禀赋，跟风制定出台了大量专项规划，盲目推进大数据、人工智能、区块链等园区建设和集成电路、电子商务等项目上马，未来极有可能引发数字经济核心产业的产能过剩现象。从技术应用的角度看，尽管数字经济并不是虚拟经济，但不管是早期的数字货币，还是近期的 NFT 艺术、元宇宙，都在一定程度上具备了虚拟经济的特征。由于易被少数投机者利用并撬动大量资本进入，从而导致数字经济在实体化过程中出现"过度发展"和"自我循环"现象，因此，如果不对一波又一波的炒作热潮加以限制，未来极有可能在局部演变成社会性风险。

二 数字迷恋

数字经济是赋能实体经济的手段而非目的，但近年来，不管是学术界，还是企业界，都在将其概念与作用不断泛化，以至于到了"迷恋"的程度。而实际上，如果从经济史的角度看，当前全球围绕数字经济的技术变革缺乏坚实的"新基础结构"，可能仅处于"孕育阶段"或导入期与拓展期的中间阶段（孙彦红，2020），时间甚至会持续二三十年，而中国数字经济发展也并非处于"成熟期"（胡雯，2018），过度"数字迷恋"可能会导致短期机会主义行为盛行。如在平台经济流行时，为成为"赢家通吃"的主导者，大量企业加注式投资建立自己的电商网站，试图打造超越阿里、京东的新平台；在网络经济流行时，为成为价值共创的引领者，大量企业抓狂式投资开发小程序、挖掘大数据、推广新算法，试图创造全新的商业模式和产业生态；在粉丝经济流行时，为成为私域流量的缔造者，大量企业潮涌式投资追逐各类网红主播、带货达人，试图与之建立全方位战略合作伙伴关系。部分罔顾企业发展实际而试图通过引入数字化工具以取代产品生产与服务供给本身的行为显然犯了本末倒置的错误（王海兵、赵静怡，2022）。

三　数字侵蚀

从宏观经济发展的角度看，一国经济可持续发展需要在消费和投资间做出跨期最优选择，而在不同发展阶段，由于产业政策、消费者偏好、实际利率等因素的变化，最终的均衡解也并不一致。对中国数字经济而言，目前仍处于初级发展阶段，意味着未来需要在基础设施建设、人才资源储备、前沿技术研发、丰富场景应用等领域进行更大规模、更久期限的投资。可问题在于，在技术发展规律的作用下，这种大规模投资未必能获得立竿见影的效果，相反，可能会在未来一段时间内持续"侵蚀"实体经济发展成果，进而产生成本大于收益的"亏损"现象。事实上，在由4G向5G演进的过程中，学术界与产业界围绕前期投资成本并未收回、数字基础设施过度投资以及当前业务运营面临"效益背反"压力等问题的讨论始终不绝于耳。如果将发展数字经济当作一场"实验"，那么，在需求收缩、供给冲击和预期转弱导致当前经济下行压力增大的背景下，对数字经济的过度关注和超大规模投资下的"侵蚀"所产生的挤压效应可能并不利于实体经济的长久健康发展（周小亮、宝哲，2021）。

四　数字幻觉

得益于超大规模应用市场、超强通信基础设施、超多数字创新企业等优势，中国数字经济在过去数十年发展中保持着较快增速（江小娟、靳景，2022）。相比之下，尽管中国与美国共同构成了全球数字经济的"双核"格局（胡雯，2018），但由于关键核心技术和自主创新能力并不强（刘淑春，2019），目前中国数字经济整体上仍处于第二梯队（江小娟、靳景，2022）。然而近年来，不管是国内外研究机构所发布的报告，还是部分专家在相关媒体上的解读，都在渲染中国数字经济已处于"全面领先地位"这一结论。实际上，《"十四五"数字经济发展规划》明确指出，中国数字经济只在"信息基础设施"与"在线政务服务水平"两方面处于"全球领先"地位。抛开这类"渲染"本身的严谨性不谈，其极易造成一种"幻觉"，进而可能会扰乱中国推动数字经济领域技术创新、模式创新、业态创新和制度创新的战略思维及决策部署。如从战略思维的角度看，如果接受上述数字幻觉所下的结论，那么，中国推动数字经济领域创新发展的战略思维可能会由过去的从"1"到"N"全面转变为从"0"到"1"，而这显然不符合"关键领域创新能力不足""产业链供应链受制于人"的现实国情。

五 数字垄断

从市场垄断的角度看，不管是传统的百度、阿里巴巴、腾讯，还是新兴的美团、字节跳动、滴滴，都已在各自细分行业的市场领域中处于"头部"地位。这些头部企业对资源要素和市场规模的争夺已经进入"白热化"，所谓的"跨界"已经演变成了流量化，创新的形式大于内容（刘诚，2022），更多是借创新之名而行"烧钱"之实、"抄袭"之实，相反，对技术创新，尤其是颠覆性技术创新的投资动力并不足。不仅如此，数字经济的"头部化"已在一定程度上引发了"逆向淘汰"效应，即众多优秀的互联网企业在面对上述头部企业的资本优势、技术优势、市场优势时，已经难以进行公平竞争，结果往往是被"蚕食"或者被收购（滕泰、张海冰，2021）。从行政垄断的角度看，部分地方政府基于产业发展及数字安全等因素考虑，设立了数字经济领域的国有独资企业，并将数字政府、智慧城市、信息安全等项目发包给该企业。然而，作为国有企业，其在数字经济领域的技术积累并不够、创新动力也不足，往往只是拆解项目并通过招投标方式外包给市场上的中小企业，实际上并不能够真正肩负起推动数字经济发展的重任，反而对市场创新主体产生了挤出效应和抑制效果。

六 数字陷阱

从本质上看,数字经济是对数据资源的汇总、挖掘、处理和利用,但在现实中,对更高、更快、更准、更轻的以人工智能算法为代表的技术手段的追求已经在很大程度上超越了对数据资源真实性、中立性、正义性的关注,使得"技术中心主义"盛行,而商业伦理与人文关怀缺失(李飞翔,2020)。抛开技术手段自身的"黑箱"不谈,盲目且不加限制的技术主张极易导致或明或暗的数字陷阱,即不仅产生了广告领域的虚假点击、创投领域的刷量融资、自媒体领域的刷阅读量等现象,还衍生出了消费领域的"杀熟"、平台领域的"扣点"、电商领域的"购流"、版权领域的"霸款"等一系列恶果(杨青峰、任锦鸾,2021;王世强,2021)。与此同时,数据价值链各环节被无限"拉长"或"加粗"可能会产生"碎片化"格局,这既不利于数据自由、充分流动,也不利于数字技术进步。更为严重的是,随着人工智能技术的发展,尽管数据与数据之间的联结得以加强,但人与数据之间的距离被拓宽,在数据存在偶然缺陷或人为出现一点错误的情况下,极易产生一系列系统性风险(陶亮,2020)。如果说数字垄断阻碍了创新,那么,数字陷阱不仅阻碍了创新,更是滥用了创新,而各种形式的"滥用"最终也会导致创新走向"歧路"。

七 数字鸿沟

受技术扩散的时间阶段与地理空间差异、区域发展的人力资本与基础设施差距等因素影响,数字鸿沟自数字技术产生之初便客观存在。然而近年来,区域差距与数字鸿沟的关系在虹吸效应的作用下有加速陷入"恶性循环"的趋势(任晓刚等,2022),即一个地区的经济实力越落后、劳动生产率水平越低下,人才、资本、数据等要素越有可能发生"逆流",进而造成该地区不断拉大与发达地区的数字鸿沟;与此同时,随着欠发达地区与发达地区的数字鸿沟日益扩大,彼此间的经济发展差距也会越来越大。以数字经济的重要载体——新型智慧城市建设为例，东部地区和中部地区的发展较为领先，部分地方甚至已经开始推进智慧城市4.0版，而这也逐渐成为推动区域经济高质量发展的一个新增长极。相比之下，东北地区和西部地区的发展较为滞后，多数地方仍处于准备期和起步期，部分处于成长期和成熟期的地方也优先分布在主城区内，乡村覆盖中"盲区"和"盲点"较多（唐斯斯等，2020）。

八 数字依赖

数字经济的区域性产业演化也存在路径依赖，而在新一代信息技术不断涌现的背景下，数字经济的自我膨胀和报酬递增属性得以加强，可能会造成"强者恒强""弱者恒弱"的失衡格局（杨文溥，2021）。如从知识积累和技术能力的角度看，发达地区在数字经济核心产业发展上已经取得了长足进步，并在区域层面建立了较强的根植性，由此也形成了依赖于当地微观主体间正外部性的示范效应和溢出效应的特定发展路径，而在欠发达地区，这种特定发展路径可能会陷入消极的"闭锁"状态。从政策供给和制度创新的角度看，国家对发达地区发展数字经济给予了更多政策支持，且发达地区在探索制度创新等方面也有动力积极作为，由此不断加强了数字经济核心产业发展的路径依赖，而在欠发达地区，国家层面的相关政策供给偏少，制度创新也难以实现渐进式、持续性的突破，因此，目前还未能从传统发展模式中解脱出来。

九 数字歧视

数字歧视不仅表现在"杀熟"行为上（施耀恬、翟巍，2022），还表现在"杀贫"现象中。这种"贫"不仅指"低收入人群"，还指"欠发达地区"。如在产品销售中，部分电商平台或商家往往通过主动设定区域限售或大幅提高运费额度等方式，确保特定产品只面向少数发达地区的消费者。对欠发达地区的消费者而言，或者在高昂的成本下只能"徒唤奈何",或者得去拜托发达地区的朋友进行采购后再予以转寄。在配送服务中,部分电商平台或商家仅对北京、上海、广州等少数城市的特定派送区域提供京准达、极速达、当日达等服务。对欠发达地区的消费者而言,很难享受到这种个性化的付费增值服务。在运费规则中,部分电商平台或商家针对不同区域设定了差异化的收费标准,欠发达地区基础运费和续重运费的阶梯门槛显著高于发达地区,而发达地区的产品实际包邮率则显著高于欠发达地区。在价格折扣中,部分电商平台或商家的相关产品在发达地区的价格折扣幅度甚至比欠发达地区大很多。

第三节 促进数字经济高质量发展的对策建议

作为一种新的经济形态,数字经济高质量发展是一个动态过程,并不会一蹴而就。未来要从以下几方面发力,助推数字经济高质量发展。

一 促进工业基础能力建设与数字经济创新协同发展

如前文所述,数字经济是在工业经济的基础上发展起来的,工业生产制造能力直接影响数字技术和新型基础设施的发展。受多种条件限制,一国的科技创新不可能全面领先,但在关键技术领域要进行长期投入,不能受制于人。中国目前存在的"卡脖子"问题,实质上还是卡在基础原理研究和工业设计与工艺上,如光刻机等。目前影响和制约中国数字产业包括软件和硬件在内的主要因素大都与中国工业基础能力有关,例如在硬件方面,工业机器人、数控机床、电子行业智能制造装备等整机板块尚不齐全,核心数控系统及零部件供给不足,支撑数字经济与实体经济融合发展的关键技术和设备也存在明显不足,如先进感知与测量技术、工业互联网安全技术,物联网传感设备等,这将严重影响制造企业的数字化转型与企业数字生产能力的提升；在软件方面，存在工业自动化控制系统软件较少、工业智能化集成软件开发能力不强、集成供应商欠缺等问题，这将导致数字化转型的系统集成能力出现不足，影响企业数字化转型的进程。综上所述，制约中国数字经济发展的因素大都与工业原料、基础工艺以及元器件制造有关，因此要大力加强工业基础能力建设，强化企业创新能力建设，这是促进中国数字经济高质量发展的重要手段，也是建设制造强国的必然要求。

上海社会科学院信息研究所发布了《数字经济蓝皮书》，从数字产业、数字创新、数字设施和数字治理四个维度对全球数字经济竞争力进行了评价，中国数字经济竞争力居全球第3位。其中，数字产业单项得分居第1位，但数字创新排在第10位，数字创新是中国数字经济的最大短板。就世界主要国家或地区研发强度看，中国研发投入虽然有所增长，但研发投入强度仍相对较低，已不能满足中国当前数字经济快速发展的需要。例如，韩国2020年的研发投入强度达到4.81%，而中国只有2.40%，在经济大国中处于中等水平。基础产业部门研发占GDP比重虽然有所提高，但只有美国、日本的1/2左右，基础性研究投入与美国等差距较大。另外，从中国在数字经济基础产业部门研发投入结构看，"重硬轻软"问题比较突出，软件领域的研发投入占数字经济基础产业部门总研发投入比重过低，而美国相同指标高达30%。

二 着力解决大中小企业之间、行业之间的数字化发展的差距

中国产业数字化转型在行业之间、企业之间、地区之间存在较大的差距。能源电力、电子信息、汽车等行业数字化转型的力度相对较大，但总体来看，产业数字化转型与发达国家相比仍有不少差距，尤其是工业传感器、工业软件、工业互联网平台、工业自动化和工业机器人生产与使用等方面还存在"卡脖子"技术和短板，直接影响产业的数字化和智能化发展。大中小企业之间数字化发展水平差距则更为明显。大型国有企业由于资金雄厚，具有一定的规模效益，数字化

第八章 推动数字经济高质量发展

转型投入和步伐较大,而大多数中小企业缺乏充足的资金和数字化技术及人才,加之对数据掌控能力较弱,存在"不想转""不敢转""不会转"等突出问题,严重制约中小企业数字化转型。地区之间的差距主要与经济发展水平相关,东部经济发达地区尤其是大城市的数字化普及率明显高于中西地区和中小城市。

差距的存在是客观的,但是不能让差距随着发展越来越大。中小企业是产业生态的重要组成部分,必须提升中小企业的数字化基础能力。要因企施策有序推进智能化改造升级,持续研发数字化应用新场景,推进中小企业集群数字化,当前要加快发展工业互联网,以互联网平台企业的建设为抓手,推进产业数字化转型。加快建设工业互联网平台生态体系,制定实施企业共享开放工业数据制度,完善工业互联网公共服务平台建设和布局,降低企业上云上平台的门槛。要面向市场多样化需求,鼓励互联网服务商发展,扩大数字技术应用场景。要结合各地区工业发展水平,协同推动工业强基和数字化转型战略。把数字技术应用与工业制造流程优化紧密结合,尤其是加强在研发设计、质量提升等方面的数字化转型。工业发达地区向工业基础薄弱地区转移生产能力的同时,要因地制宜实施"数字技术+工业项目"发展模式,同时提升其工业化和数字化水平,缩小与发达地区数字鸿沟,避免单纯的工业项目转移。工业发达省份优先推动工业互联网和智能制造等数字技术含量高、难度大的产业数字化项目,对其他地区的数字化转型发挥示范作用。

三 破除数字壁垒,充分发挥数字经济的规模效应、融合效应和效率效应

2021年,中国数字经济规模达到45.5万亿元,高于GDP增速3.4个百分点,占GDP的比重达到39.8%,较"十三五"初期提升了9.6个百分点。数字产业竞争力稳步提升,ICT产品出口占总出口产品比重多年来基本维持在25%—30%的较高水平。在新发展格局下,一方面,要推动数字贸易发展,将货物贸易、服务贸易与数字贸易紧密

结合，以数字贸易提升货物贸易和服务贸易的水平和质量，努力在全球数字贸易规则制定中发挥更大的作用。另一方面，应充分发挥国内超大规模市场优势，推进数字基础设施建设和设施联通，加快构建数字要素全国统一大市场，促进数字要素的流通，按照先易后难的顺序，分类分级推动数据交易，坚持运用市场机制做好数据安全和隐私技术的研发与应用，大力发展平台企业，发挥平台企业对产业数字化带动作用，推动数字经济与实体经济深度融合发展。运用数字技术对传统产业生产流程和生产工艺进行改造提升，提升产品质量、挖掘市场潜力。优化生产要素配置和空间布局，提高资源利用效率，发挥数字技术对企业管理的溢出效应，推动企业内部效率提升与交易成本下降。边际收益递增是数据要素本身的属性，但数据涉及数据所有者的秘密和权力，打破数据壁垒和数据孤岛的前提是建立数据安全保护制度，就如同鼓励先进技术应用的同时，要强化知识产权保护一样。

数字要素资源与经济社会活动成正比，中国是世界第二大经济体和第一人口大国，拥有全球最大规模的市场和最完整的产业体系。中国的数据要素"金矿"非常丰裕，有待于进一步挖掘。要借助云计算、物联网、人工智能、机器学习等新兴数字技术，加速推动数据从低价值密度的无序状态向有序的数据要素市场发展。

四 适当放松行业准入管制，完善市场规制，促进产业融合发展

产业融合是数字经济条件下经济发展的有效途径，但由于受市场经营范围和市场定位的影响，一些企业的跨界发展尤其是大型国有企业受到来自工商登记注册和政府有关部门的限制，错失一些加快发展和高质量发展的机会。要建立科学合理的行业间准入制度。比如建立并完善负面清单制度，在前置审批和资质认定等环节减少产业发展过程中的不必要性，持续营造公开、透明的市场环境。建议政府适当放松对国有企业经营范围的限制，鼓励国有企业以PPP等形式跨界经营。对中小企业的跨界发展，工商登记部门要给予大力支持。按照公共性、准公共性、营利性等分类准则，差异化制定垄断行业的不同准入标准，让投资主体更加多元化。大力促进协同创新，鼓励不同行业、不同企业根据发展需要组建多种形式的创新联合体，推动交叉学科创新、提升科技成果转化率、扩大应用范围。要完善各种规制，从产业链的视角统筹相关政策法规，鼓励上下游企业投资共建创新型机构，协同攻关产业链中关键领域、关键技术的薄弱环节和"卡脖子"技术，打通产业链的数字要素的流通和共享环节。要完善知识产权、数据产权创造运用和保护的法律体系，建立适应融合发展趋势的新行业技术标准和科学考核评价体系。

第九章　推动民营经济高质量发展

党的二十大报告指出，要"优化民营企业发展环境，依法保护民营企业产权和企业家权益，促进民营经济发展壮大"。改革开放以来，中国民营经济的发展迅猛，在世界范围内取得了举世瞩目的成就。然而当下，中国民营经济高质量发展却面临着较多的问题。本章首先从国民经济的重要组成部分、和谐社会的重要建设力量、产业转型的重要动力源泉、市场竞争的重要参与主体、科技创新的重要驱动力量五个方面回顾中国民营经济发展取得的主要成就，然后从全球经济遭遇重创、世界贸易增速放缓、绿色发展方式转变、经营成本压力较大、用工匮乏日益突出、市场竞争压力增加、创新能力有待提升、企业战略模糊不清、现代企业制度缺失、政策的获得感不强十个方面分析当前中国民营经济高质量发展面临的突出问题，最后从深入挖掘市场需求潜力、加快引导企业转型升级、切实降低企业经营成本、着力解决企业融资难题、加快建立现代企业制度、持续推动营商环境优化六个方面提出对策建议。

第一节　中国民营经济发展取得的主要成就

改革开放至今，中国民营经济取得了卓越的发展成就。民营经济已成为国民经济的重要组成部分，成为和谐社会的重要建设力量，成为产业转型的重要动力来源，成为市场竞争的重要参与主体，成为科技创新的重要驱动因素。具体如下。

一 民营经济成为国民经济的重要组成部分

民营经济成为国民经济的重要组成部分主要反映在四个方面：一是民营经济在 GDP 中的比重不断上升。1989 年，私营经济和个体经济产值在 GDP 中的比重仅为 3.86%，到如今，据冉万祥在党的十九大新闻中心举办的记者招待会上介绍，这一比重已超过 60%。二是民营经济在投资拉动经济增长中的作用突出。1982 年，民营企业在全社会固定资产投资中的比重为 17.1%，能拉动 0.36 个百分点的 GDP 增速，到 2016 年，这一比重达到 32.87%，能拉动 0.92 个百分点的 GDP 增速。三是民营经济的进出口贸易增长迅速。2016 年，民营企业的进出口总额为 1.33 万亿美元，比 2015 年降低了 526.52 亿美元，在所有企业进出口总额中的比重为 36.36%，比 2015 年增长了 1.15 个百分点。其中，出口总额为 9147.86 亿美元，占比为 43.6%；进口总额为 4179.45 亿美元，占比为 26.33%。四是民营经济在高新区中的作用越发突出。2016 年，全国高新区中的私营企业有 4.01 万家，创造了 3.1 万亿元的总产值，在高新区所有企业中的比重分别为 44%、15.77%，分别比 2007 年增长了 1.68 倍、15.65 倍和 13.13 个百分点、11.58 个百分点。

二 民营经济成为和谐社会的重要建设力量

民营经济成为和谐社会的重要建设力量主要反映在三个方面：一是民营经济在全国税收收入中的比重不断提高。1995 年，私营企业和个体企业共缴纳税收 429.6 亿元，在全国税收收入中的比重为 8%，到 2015 年，缴纳税收额增至 1.99 万亿元，比重增至 14.6%。其中，私营企业和个体企业缴纳税收额分别为 1.3 万亿元、0.69 万亿元，比重分别为 9.57%、5.03%。二是民营经济吸纳就业能力显著增强。1990 年，私营企业和个体企业共吸纳就业人数为 2275 万人，在总就业人口中的比重为 3.51%，到 2016 年，吸纳就业人数增至 3.09 亿人，比重增至 39.77%。其中，私营企业和个体企业吸纳就业人数比重分别为23.19%、16.58%。三是民营经济在教育、扶贫、救灾等慈善事业中的社会责任感和参与度越来越高。2008年，入选"中国慈善排行榜"的100家企业多为民营企业，共捐赠了44.24亿元，用以支持地震、雪灾、教育、扶贫等慈善事业，到2016年，捐赠额增至103.78亿元。其中，前十名捐赠额占比从39.82%升至70.29%。

三 民营经济成为产业转型的重要动力来源

民营经济成为产业转型的重要动力来源主要反映在三个方面：一是民营经济在推动物流、军工、金融等垄断行业开放中发挥了重要作用。以物流业为例，2007年上海42家非邮政快递企业联名"上书"，呼吁在相关法律法规改革中关注民营快递企业的发展诉求。到2014年底，国内已有超过1.1万家可经营快递业务的企业，如顺丰、"三通一达"、百世等民营企业利用资本市场增强竞争力，目前已在细分市场上占据较大的市场份额。二是民营经济在产业创新中捷足先登。以近年来不断涌现的新兴产业为例，如网络打车、共享单车、分类信息网站、外卖送餐等新业态中很少有国有企业的身影，典型企业如滴滴、58同城、美团等则多为民营企业。三是民营经济在产业分布上逐渐合理。2014年，民营企业实有户数在第一、第二、第三产业企业总数中的比重分别为2.62%、10.99%、86.39%，吸纳就业人数也有较大差异。其中，批发、零售和餐饮业，制造业，交通运输、仓储和邮电通信业的民营企业所吸纳的就业人数比重分别为49.67%、16.11%、2.45%，分别比1989年降低了9.74个百分点、4.5个百分点、5.26个百分点。

四 民营经济成为市场竞争的重要参与主体

民营经济成为市场竞争的重要参与主体主要反映在三个方面：一是民营经济发展的质量和效益稳步提升。以全国工商联发布的"中国民营企业500强榜单"为例，2016年，500家企业的总资产、营业收入、净利润分别为23.4万亿元、19.4万亿元、0.84万亿元，比

2015年增长了35.21%、19.84%、19.76%。其中，总资产超过1000亿元、营业收入超过3000亿元的企业分别有50家、6家；有16家企业入围世界500强榜单。二是与其他企业类型相比，民营企业的竞争优势突出。以规模以上工业企业为例，2016年，民营企业的户均总资产、营业收入、利润总额分别为1.12亿元、1.91亿元、0.12亿元，尽管比国有控股企业的21.96亿元、12.56亿元、0.65亿元，外商投资和港、澳、台商投资企业的4.29亿元、5.05亿元、0.36亿元要低，但在户均费用（包括销售费用、管理费用和财务费用）上分别比两者低1.02亿元、0.29亿元，且在资产收益率上分别提高7.69个百分点、2.37个百分点。三是民营企业的国际市场影响力日益增强。以CBInsights最新公布的能影响全球科技创业走势的"独角兽"企业榜单为例，224家上榜企业中有59家中国企业，代表企业如滴滴、小米、新美大、陆金所分别排名第二位、第三位、第四位、第九位，估值为560亿美元、460亿美元、300亿美元、185亿美元。

五 民营经济成为科技创新的重要驱动因素

民营经济成为科技创新的重要驱动因素主要反映在四个方面：一是民营经济的研发投入不断提升。以规模以上工业企业为例，2016年，私营企业的研发人员全时当量为73.24万人年，研发经费为2800.54亿元，研发项目数为13.04万项，在整体中的比重分别为27.1%、25.59%、36.12%，比2011年增长了1.12倍、1.97倍、1.47倍和9.3个百分点、9.84个百分点、13.4个百分点。二是民营经济的专利产出不断增加。2016年，规模以上工业私营企业的专利申请数为23.78万件，在整体中的比重为33.24%，分别比2011年增长了1.13倍、4.31个百分点。其中，发明专利数申请数为7.86万件，在整体中的比重为27.37%，分别比2011年增长了1.69倍、5.71个百分点。截至2016年底，规模以上工业私营企业的有效发明专利数为18.05万件，在整体中的比重为23.44%，分别比国有企业、港、澳、台商投资企业和外商投资企业高出20.41个百分点、

14.52个百分点和13.24个百分点。三是民营经济的新产品开发效益不断提高。2016年，规模以上工业私营企业的新产品项目数为14.53万项，新产品销售收入为3.9万亿元，新产品出口销售收入为4701.95亿元，在整体中的比重分别为37.09%、22.32%、14.37%，分别比2011年增长了1.15倍、1.88倍、1.44倍和11.71个百分点、8.89个百分点、4.84个百分点。四是民营企业在高新技术企业中的先锋作用越发突出。2016年，全国高新技术企业中的私营企业有7.61万家，创造了4.17万亿元的工业总产值，技术、产品和商品销售收入达4.48万亿元，在所有高新技术企业中的比重分别为43.9%、1.96%、5.17%，分别比2007年增长了2.09倍、6.83倍、6.92倍和18.54个百分点、1.41个百分点、3.12个百分点。

第二节 当前中国民营经济高质量发展面临的突出问题

中国民营经济高质量发展所面临的问题既有外部的，也有内部的，既有全球性的，也有区域性的。综合来看，主要包括全球经济遭遇重创、世界贸易增速放缓、绿色发展方式转变、经营成本压力较大、用工匮乏日益突出、市场竞争压力增加、创新能力有待提升、企业战略模糊不清、现代企业制度缺失、政策的获得感不强十个方面。

一 全球经济遭遇重创

近年来，受贸易摩擦、金融动荡以及地缘政治危机等因素影响，全球经济陷入持续低迷状态。2019年，全球实际GDP增长率为2.81%，创近十年来新低。2020年，受疫情冲击，全球经济复苏的前景再次蒙上了一层阴影。据国际货币基金组织数据显示，2020年全球实际GDP增长率已降至-2.95%。其中，中国、美国、日本实际GDP增长率分别降至2.24%、-3.41%、-4.62%，同比分别下降3.71个百分点、5.69个百分点、4.26个百分点。对中国而言，尽管与主要发达国家相比，GDP增速仍处于较高水平，但同样也开始进入下降通道。2019年，中国实际GDP增速为5.95%，创1991年以来新低。2020年，尽管中国在短时间内控制住了疫情，进而有序推动复工复产，取得了疫情防控和经济社会发展双胜利，但疫情所带来的冲击广泛而深远，目前仍未彻底终结。这显然会影响民营企业对长期支出的信心。现实中，也可以看到部分民营企业减少投资、收缩业务甚至逐渐退出的现象（见图9-1）。

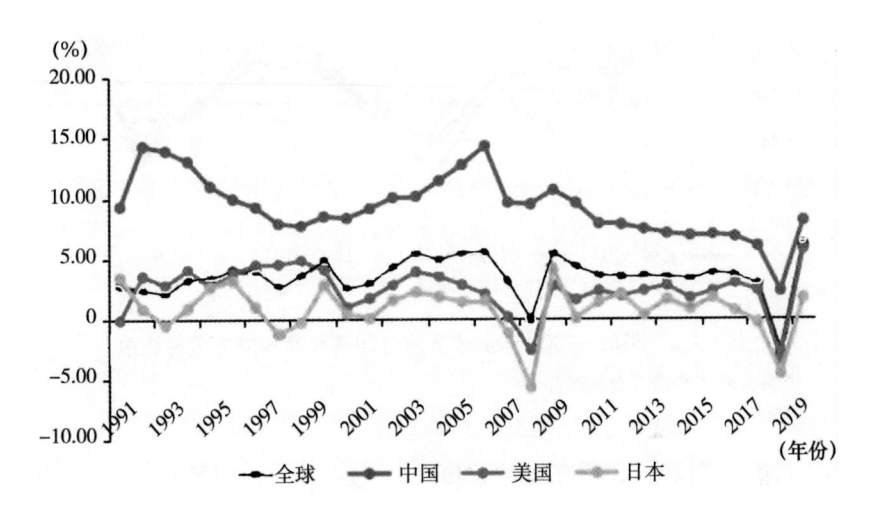

图9-1 1991—2019年全球及部分国家实际GDP增速

资料来源：Wind，国际货币基金组织（IMF）。

二 世界贸易增速放缓

近年来，受世界经济复苏不确定性、不稳定性上升因素影响，全球保护主义和单边主义有所抬头，贸易壁垒逐渐增多，使世界贸易增速放缓。尤其自2018年以来，在中美贸易战愈演愈烈的背景下，全球商品和服务贸易增速出现十分明显的下滑趋势。2019年，全球商品和服务贸易同比增幅为负，进、出口贸易分别同比下降1.46个百分点、1.49个百分点。2020年，受新冠疫情影响，全球产业体系受到严重冲击，国际经贸活动一度双向中断，全球价值链、产业链、供应链始终未能通畅，在中长期甚至面临重构风险。据国际货币基金组织数据显示，2020年全球商品和服务贸易出现大幅下降，进、出口贸易将分别同比下降10.11个百分点、9.52个百分点（见图9-2）。

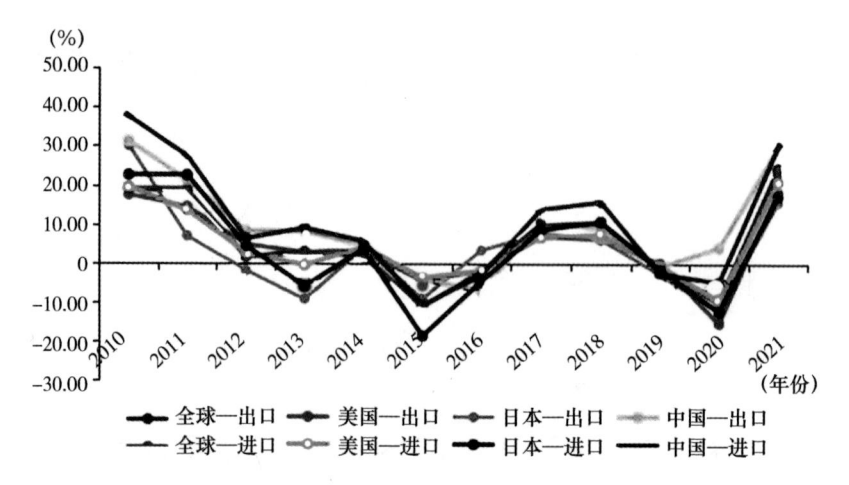

图9-2　2010—2021年全球及部分国家商品和服务贸易增速

资料来源：Wind，世界银行。

对中国而言，长期在全球价值链、产业链、供应链中扮演原料需求者和产品供给者的角色，而欧盟、美国、日本等发达国家则扮演产品需求者的角色。因此，在疫情冲击下，包括民营企业在内的外贸型企业将与前文工业企业一样遭受供给与需求两端的双重压迫：一方面，受原材料供给不足、现金流短缺等因素影响，民营企业可能会出现产能不足甚至生产中断现象；另一方面，受世界经济疲软、市场需求萎靡等因素影响，民营企业可能会出现产品积压甚至破产倒闭现象。除此之外，疫情可能会从根本上重塑全球贸易格局，即主要国家在意识到本土化产业链或多元化产业链具有国家安全战略意义上的高度重要性后，可能会加快缩短全球价值链、产业链、供应链长度，并进行多极化、区域化、分散化重构与布局。这将会使中国对外贸易出现不容乐观的局面。据国际货币基金组织数据显示，2020年，中国商品和服务进口贸易同比下降 4.75 个百分点，美国、日本商品和服务出口贸易分别同比下降 15.22 个百分点、12.2 个百分点。这一趋势虽然会在短期内得到改善，但相比于疫情以及贸易冲突之前，复苏之路可能会遥远而漫长。

三 绿色发展方式转变

近年来，全球可持续发展面临着以气候变化为代表的生态危机，而以低碳转型为代表的绿色发展方式已经成为世界主要国家和国际社会的广泛共识。2015 年，《联合国气候变化框架公约》缔约方大会通过《巴黎协定》，将"2 摄氏度温升目标"纳入大会成果，并提出"力争把温升目标控制在较工业革命前上升 1.5 摄氏度以内"。2018 年，政府间气候变化专门委员会发布《IPCC 全球升温 1.5 摄氏度特别报告》，指出了温升 1.5 摄氏度的含义、气候变化及其潜在的影响。目前，已有数百个国家宣布要到 21 世纪中叶实现碳中和。对中国而言，也是如此。党的十九大报告明确指出，要"建立健全绿色低碳循环发展的经济体系"。党的十九届五中全会所通过的《中共中央关于制定国民经济和社会发展第十四个五年规划和二〇三五年远景目标的建议》也明确指出，要"加快推动绿色低碳发展"，"降低碳排放强度，支持有条件的地方率先达到碳排放峰值，制定二〇三〇年前碳排放达峰行动方案"。党的二十大报告则进一步提出，"推动经济社会发展绿色化、低碳化是实现高质量发展的关键环节"。可见，以低能耗、低污染、低排放为特征的低碳经济、绿色经济将会是未来人类社会发展的主流，也将成为中国未来经济发展方式转变的重要方向。

这将会对中国民营企业发展带来一定的挑战：一是民营企业可供选择进入的行业可能会受到限制。如为了实现向低碳经济发展模式转变，中国将会在区域布局、市场准入、技术标准、投融资等方面出台一系列偏向于能推动节能减排的政策法规，也会通过各种手段建立起能够真实反映能源供给和资源稀缺度的价格体系，建立起低能耗、高能效、低排放、高利用的社会经济生产与消费体系，这必然会对那些高污染、高排放、高能耗的企业及其所处的行业带来巨大挑战。二是市场环境倒逼民营企业进行市场转型。从产业链角度看,绿色转型将会覆盖每一个环节。企业上下游关联企业会加速低碳转型,终端消费者也会强化对低碳环保产品和服务的意识,这种市场环境的急速变化将会倒逼企业进行转型。企业将不得不投入一定程度的人力、物力、财力,从而降低能源强度和碳强度、提高资源综合利用效率。三是民营企业需要及时进行战略转型。随着国家层面深入实施可持续发展战略、持续推进绿色发展,企业也必须及时调整自身的战略体系,以确保生产经营过程中的每一个环节都能迎合未来产业发展需求,并分享绿色发展方式转变带来的成果(李锐,2013)。

四 经营成本压力较大

近年来,社会各界对民营企业经营成本问题进行了热烈讨论。一个较为统一的认识在于:过去数十年,中国民营企业所取得的辉煌成就在很大程度上依赖于较低的成本优势,然而当前,成本上升过快所产生的经营压力已成为阻碍民营企业发展的现实难题。民营企业的经营成本压力较大突出表现在以下几个方面。

一是原材料成本上升过快。以 1/3 焦煤为例,2016 年初全国市场平均价格仅为 510 元/吨,但到 2020 年初,全国市场平均价格已提高至 1420 元/吨;再以玉米(黄玉米二等)为例,2016 年底全国市场平均价格为 1518 元/吨,到 2020 年底,全国市场平均价格已提高至 2547.8 元/吨。

二是劳动力成本上升过快。以北京、上海、江苏、浙江四个发达地区为例,2012 年月最低工资标准分别为 1250 元/月、1450 元/月、950 元/月、950 元/月,到 2020 年,月最低工资标准分别提高至 2200 元/月、2480 元/月、1620 元/月、1500 元/月;再以西藏、新疆、云南三个欠发达地区为例,2012 年月最低工资标准分别为 1150 元/月、1340 元/月、830 元/月,到 2020 年,月最低工资标准分别提高至 1650 元/月、1820 元/月、1350 元/月(见图 9-3)。

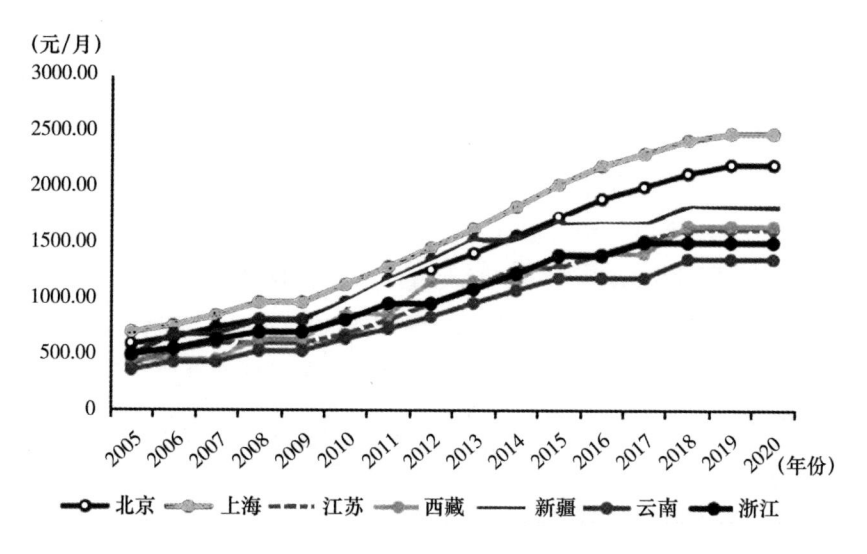

图 9-3 2005—2020 年部分地区月最低工资标准

资料来源：Wind，人力资源和社会保障部。

三是用地成本上升过快。以北京、上海、深圳为例，2016 年 9 月物流仓储类工业地产租金分别为 40.4 元/平方米/月、43.5 元/平方米/月、41.2 元/平方米/月，到 2020 年 9 月，物流仓储类工业地产租金分别提高至 50.2 元/平方米/月、47.7 元/平方米/月、47.3 元/平方米/月；再以恒大地产、龙湖土地、融信中国为例，2015 年下半年土地储备的平均成本分别为 1173 元/平方米、3165 元/平方米、4956.71 元/平方米，到 2020 年上半年，地储备的平均成本分别提高至 2122.5 元/平方米、5829 元/平方米、7767 元/平方米。

四是税负成本压力较大。以上海为例，2012 年民营科技企业上缴税费额在总收入中的比重为 5.36%，高于高新技术企业 5% 的平均水平；到 2020 年，尽管上缴税费额在总收入中的比重降为 4.88%，但仍然高于高新技术企业 4.79% 的平均水平。

五是融资难、融资贵现象依然十分突出。由于大部分民营企业的资产规模较小、盈利水平不高、抵押物品不多，很难满足到资本市场发行股票融资或发行企业债券的基础资质要求，因此，融资渠道较少、范围较窄，通常只能在相关政策的扶持下选择向商业银行申请贷款。然而，与国有企业相比，多数商业银行主观上并不太愿意为民营企业做中长期贷款。即使在为部分民营企业"雪中送炭"的短期贷款中，融资手续烦琐、到手贷款缩减、贷款利率较高等问题比较突出，使企业不得不耗费大量精力在贷款、倒贷、续贷问题上，从而影响了抓生产、提效益的主业。对大量得不到商业银行贷款的民营企业而言，极端情况下会采取非法手段集资或向地下钱庄高息借款融资，不仅给企业自身背上了沉重的财务负担，也在某种程度上扰乱了金融市场秩序、危害着社会安全稳定。

五 用工匮乏日益突出

近年来，中国民营企业用工匮乏问题日益突出。"用工荒"现象也引起了社会各界的广泛关注。从总人口年龄结构角度看，中国15—59岁人口数量及其在总人口中的比重已连续多年出现下降趋势。如2012年，中国15—59岁人口总数为9.37亿人，在当年总人口中的比重为69.2%，到2022年，中国15—59岁人口总数降至8.93亿人，在当年总人口中的比重也降为63.23%。从"民工荒"现象看，2008年国际金融危机后，中国经历了多轮"民工荒"。如2010年，中国农民工总人数为2.42亿人，同比增幅为5.4%；到2015年，尽管农民工总人数仍然在增加，但同比增幅已连续下降，当年农民工总人数为2.77亿人，同比增幅为1.3%。2020年，中国农民工总人数由2019年的2.91亿人降至2.86亿人，同比出现下降，降幅为1.8%；2022年，中国农民工总人数虽然增加至2.96亿人，但同比增幅仍不高，为1.1%。从农民工年龄结构角度看，2008年，16—20岁、21—30岁、31—40岁、41—40岁、50岁以上的农民工人数在农民工总人数中的比重分别为10.7%、35.3%、24%、18.6%、11.4%；到2021年，16—20岁的农民工人数占比出现了大幅下降，变为19.6%；21—30岁的农民工人数占比出现小幅上升，变为27%；41—40岁、50岁以上的农民工人数占比则出现大幅上升，分别变为

24.5%、27.3%。由此可见，随着中国老龄化趋势到来，在智能机器人还远未能代替人工的情况下，企业可能会面临日益匮乏的用工荒问题（见图9-4）。

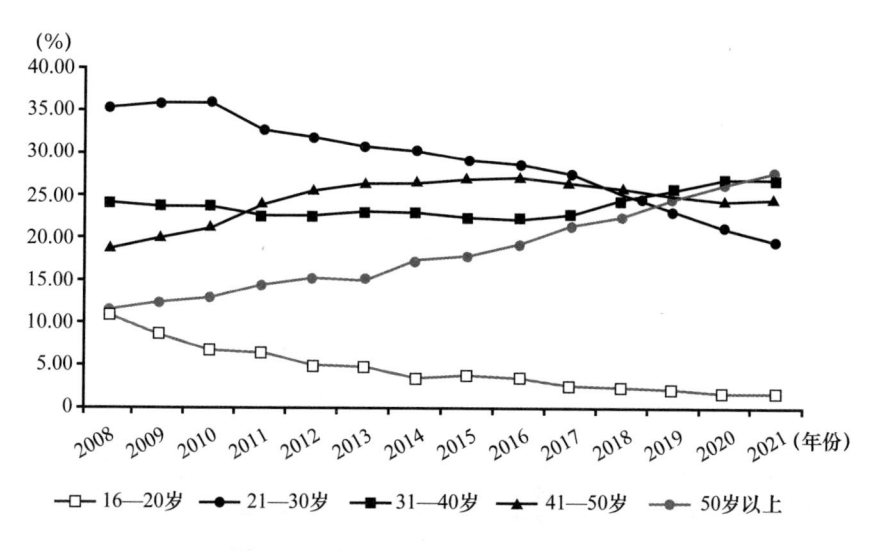

图9-4　2008—2021年农民工年龄构成

资料来源：Wind，国家统计局。

六　市场竞争压力增加

近年来，中国民营企业在新业态、新模式的培育与创新上取得了显著成就，涌现了一批以小米、拼多多、美团为代表的优秀企业。然而，中国多数民营企业仍然存在于以制造业为主体的第二产业中，且行业集中度较高。以2020年中国民营企业500强为例，有331家民营企业分布于第二产业，占比为66.2%；营业收入共计18.82万亿元，占比为62.39%。其中，分布于制造业的民营企业数量为288家，占比为57.6%；营业收入共计16.93万亿元，占比为56.12%。从行业分布的角度看，有320家民营企业分布于以黑色金属冶炼和压延加工业，房地产业，建筑业，综合性行业，石油、煤炭及其他燃料加工等为代表的前十大行业，分别比2017年、2018年增加了23家、9家。这就意味着，中国民营企业面临着较为激烈的市场竞争。以智能手机市场为例,华为和小米凭借各自优势,近年来你追我赶,互不服输。数据显示,2020年三季度,受美国政府"断芯"事件影响,华为智能手机出货量和市场份额大幅下降至5170万台、14.9%,分别比2019年三季度减少1510万台、4.1个百分点;而小米则奋起直追,当季手机出货量和市场份额大幅提高至4710万台、13.5%,分别比2019年三季度增长1460万台、4.3个百分点。

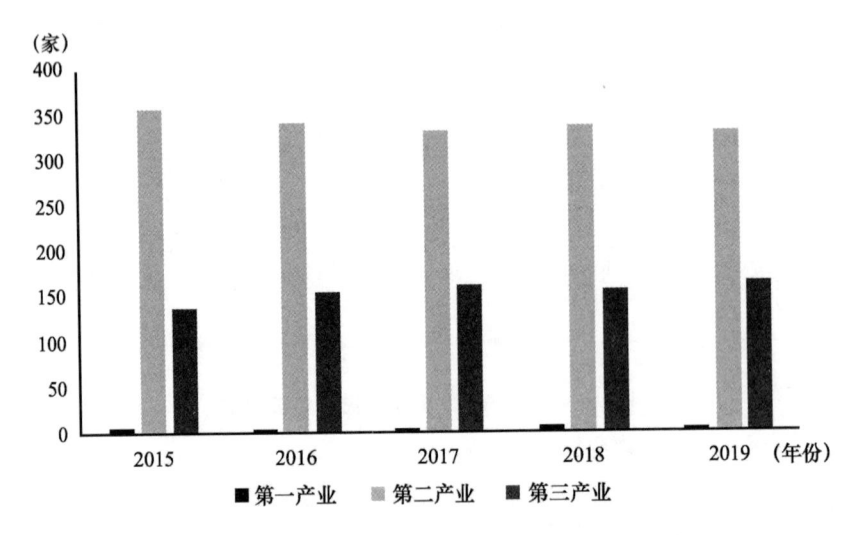

图9-5 2015—2019年中国500强企业行业分布

资料来源:全国工商联。

可以预见,在中国转变发展方式、优化经济结构、推动产业转型升级的过程中,民营企业仍将会面临较为激烈的市场竞争。尤其在新冠疫情影响下,全球价值链、产业链、供应链将再度重构,同时伴随中国加快构建以国内大循环为主体、国内国际双循环相互促进的新发展格局,未来会有更多以前从事外贸业务的民营企业将经营重心放到国内市场,从而进一步加剧市场竞争的激烈程度。

七 创新能力有待提升

近年来,中国民营企业的创新能力显著增强,以华为、字节跳动、哔哩哔哩为代表的民营企业纷纷在5G、人工智能、移动互联网、大数据、区块链等新技术研发及成果产业化应用上取得突破，并在全球范围内建立了较强的竞争优势。然而，这只是民营企业的优秀代表。大量民营企业的创新能力仍显不足。从研发经费的角度看，中国民营企业研发强度远低于国际普遍认可的内生性创新竞争力标准。一般而言，当企业研发强度达到2%时，才能具备内生性的创新活动并依此生存；当企业研发强度达到5%时，将具有较强的创新竞争力。以中国500强企业为例，研发强度大于10%的企业仅有5家，研发强度在3%—10%区间的企业有54家，研发强度在1%—3%区间的企业有106家，研发强度小于1%的企业有242家。从研发人员的角度看，中国民营企业在人才队伍，尤其是研发队伍建设上较为薄弱。据第十三次中国民营企业调查结果显示，尽管有超过一半的民营企业意识到并认为人才队伍建设是最需要提升的因素，但从研发团队建设的实际看，52.64%的企业并没有专职的研发团队（或人员），30.13%的企业所拥有的专职研发人员数量在10人及10人以下，4.45%的企业所拥有的专职研发人员数量超过50人，0.74%的企业所拥有的专职研发人员数量超过200人。

八 企业战略模糊不清

近年来，中国部分民营企业家热衷于参加各种MBA、EMBA培训班课程，热衷于参加各种会议、讲座、论坛，以至于分身乏术，难以有足够的时间和精力对企业战略进行冷静且科学的思考。部分民营企业家甚至认为，当前中国正处于经济转型期，数字化、信息化、智能化浪潮风起云涌，唯一不变的就是变化本身，因此，企业战略已经不再重要。受此影响，部分民营企业开始了"随波逐流"行为。当平台经济开始流行时，部分民营企业立即着手投资建立自己的电子商务网络，意气风发地试图打造超越阿里、京东的新平台。当智能机器人开始流行时，部分民营企业立即着手投资推广"人工替代"行动，心急火燎地试图用机器人替换生产线上的员工。当种草带货模式开始流行时，部分民营企业立即着手投资追逐各种网红达人，雄心勃勃地试图与之建立全方位战略合作伙伴关系。可能产生的结果在于：电子商务网络是建立起来了，但浏览量、注册量、成交量寥寥无几；生产线上的员工是被替代了，但机器人隔三岔五维护、流水线三番五次中断；网红达人是种草带货了，但"消费转化"的利润率却更低了。这显然是民营企业缺乏战略定力的表现，也是导致企业寿命较短的根本原因。如刘兴国（2016）指出，中国民营企业平均寿命仅为3.7年，尽管比中小企业的平均年寿命高出2.2年，但与美国中小企业的8.2年平均寿命、日本中小企业的12.5年平均寿命相比，显然存在较大差距。造成这一问题的原因是多方面的，但"大量创业行为是出于短期盈利动机，机会驱动与逐利特征显著，企业缺乏长远发展谋划"显然是非常重要的原因之一。

九 现代企业制度缺失

近年来，中国民营企业逐渐意识到现代企业制度对企业健康可持续发展的重要性，并开始围绕"产权清晰、权责明确、政企分开、管理科学"的基本特征加快建立现代企业制度。如在2020年中国民营企业500强中，有479家企业明确表示已经建立了现代企业制度。然而，目前民营企业的现代企业制度更多是停留在表面框架，深层次的效力并未发挥出来。民营企业的现代企业制度缺失突出表现在以下几个方面。

一是产权结构封闭且单一。中国多数民营企业的产权主比较集中，多在创业者及其家族成员手中，因此，股权结构比较封闭和单一。企业家的私人财产同企业的财产之间、家族成员之间股权结构界限并不清晰。据第十二次私营企业抽样调查数据结果显示，中国私营企业资本结构中，主要出资人及其家族成员资本占比达到83.8%，比第十一次私营企业抽样调查结果高出5.2个百分点。从不同企业类型角度看，不管是一人企业、独资企业、合伙企业、有限责任公司还是股份有限公司，"家族化"的趋势仍比较明显。由此可见，中国民营企业股权仍高度集中在出资人及其家族成员手中，且主要由一个或少数几个家族成员控制，产业结构封闭且单一的问题仍然比较突出。

二是公司治理结构不合理。由于中国多数民营企业是家族企业，其日常管理模式通常选择家族式管理模式，即家族内各个核心成员广泛分布在企业内部的各个重要岗位上，所有权和经营权同时由家族成员掌控，使企业在发展战略制定、日常运营管理、经营绩效分配等方面完全从属于家族成员的私人利益。尽管也有部分民营企业建立起法人治理框架，但多浮于表面，在所有权和经营权高度集中的情况下，创业者及其家族成员不仅是企业的股东，还是企业的执行董事，同时又兼任总经理、总监等其他在高级管理团队中处于重要地位的职务，容易使民营企业内部难以形成有效的监督机制、约束机制，长远来看并不利于民营企业的基业长青。据第十二次私营企业抽样调查数据结果显示，在中国私营企业的董事长人员中，高达87.9%的比例来自主要出资人本人，10%的比例来自主要出资人的家族成员，仅有2.1%的比例来自外聘人才或其他渠道。而在日常管理中，高达65.2%的管理者是主要出资人本人，17.6%的管理者是高层管理会议，仅有17.2%的管理者是职业经理人或其他渠道。

三是制度不健全、不科学。中国民营企业组织结构一般较为简单，管理层级较低，在日常经营管理中多依托血缘关系、亲缘关系，制度化、标准化、规范化和程序化建设不足，人治大于法治，虽有公司章程但经常流于形式，虽有岗位描述说明但经常任人唯亲，从而降低了员工的工作积极性和企业忠诚度。与此同时，尽管中国民营企业已经意识到人才队伍是制约企业成长的最重要因素，但制定并实施管理层股权激励计划和员工持股计划的民营企业仍然仅是少数。据第十二次私营企业抽样调查数据结果显示，在制约企业管理水平的因素中，有46.7%的被调查者选择了"人才队伍"，排名第一位，但现实在于，很多民营企业仍然缺乏"人力资源管理"意识，针对管理层的股权激励计划以及员工持股计划仍"未被提上议事日程"。

十　政策的获得感不强

近年来，中国各级政府制定出台了一系列政策措施，目的在于促进民营经济创新发展。然而，在政策措施具体落实过程中，往往受制于较为复杂的内外形势，使政策措施出现频度较大的调整，从而影响民营企业发展信心。民营企业的政策获得感不强突出表现在以下几个方面。

一是政策的连续性预期不高。一些地方政府为了实现招商引资目标，在与民营企业接触时会主动承诺较低的土地价格、较高的税收补贴等优惠条件；一些地方政府为了加快推进招商引资项目落地，会默许民营企业在手续不完备的前提下，先建厂房后办理手续等。问题在于，一旦地方政府换了主要领导，或机构改革导致原来主管部门调整，或项目规划及建设标准发生更改，这些都会在很大程度上成为"历史遗留问题"。

二是减税降费效果有待提升。尽管中国政府持续推进减税降费改革，意图通过"降成本"来增强市场主体的经营活力，然而，减税降费的政策预期效果是否在民营企业中得到体现仍然存疑。一方面，由于民营企业在产业链中下游的分布较多，议价能力较弱，因此，当税率降低后，会"被迫"接受行业集中度较高的上游企业的降价提议，最终使减税降费政策带来的利润向上游积聚，而非由民营企业享受。另一方面，由于补贴、税前加计扣除研发费用等政策设置了较多的差异性标准，民营企业在很多时候会陷入为对接利好政策而打乱正常经营节奏的境地，最终使政策效果也得不到完全的释放。

三是部分行业壁垒仍未降低。尽管市场准入规则在各级政府所出台的相关文件中屡屡被提及，但在现实执行层面，民营企业进入电力、石油、煤炭等行业仍存在诸多障碍。一方面，部分地区仍存在较多的地方保护主义，为了维护本地企业利益，或者违规设置外来企业准入条件，或者以咨询、评审、评级、评估等方式设置各种门槛，直接或变相增加民营企业负担；另一方面，部分地区的公平竞争市场秩序仍有待改善，特别在一些政府所投资的重点项目、重点工程招投标过程中，民营企业经常会遭受门槛设置过高、暗箱设置障碍、指定定点企业等不公平对待而出现"国企轻松猛吃肉，民企辛苦难喝汤"的情形。

四是知识产权保护不力。企业的技术创新面临很多风险，如产品研发前期投资投入大、成功率不高等，而几经波折创新研发出来的新产品在上市之后又很容易在短时间内被其他企业跟进与模仿，由此会使相关企业蒙受巨大的经济损失。近年来，尽管中国在知识产权法律法规体系上已经取得了显著成绩，但体系不健全、针对性不强等问题仍有待进一步完善。不仅如此，在执法层面，对企业知识产权的保护也不太到位，使得企业在知识产权侵权案件发生后进行维权方面存在很多困难。对民营企业而言，资产规模本身并不大，资金规模也十分有限，一旦技术研发失败或成功后受到其他竞争者的模仿，很容易陷入绝境。因此，如果不能够尽快填补相关法律法规的空白处或完善界定不清之处，不能够加大对侵权行为的打击力度，民营企业开展技术创新的积极性就很难提升。

第三节　促进中国民营经济高质量发展的对策建议

未来要从深入挖掘市场需求潜力、加快引导企业转型升级、切实降低企业经营成本、着力解决企业融资难题、加快建立现代企业制度、持续推动营商环境优化等方面出发，支持中国民营企业发展壮大。

一　深入挖掘市场需求潜力

一是建立健全民营企业开展对外投资的政策体系，提升服务水平，帮助民营企业拓展"走出去"与"引进来"相结合的发展空间。组织高等院校、科研院所研究各国招商引资的政策体系，汇编成册，对民营企业开放获取，向民营企业积极宣讲。搭建海外服务平台，构建特色功能模块，集成海外招商信息。支持民营企业平等参与海外项目投标，避免互相厮杀、逐底竞争。发挥行业协会积极作用，组织民营企业参加培训班，学习海外国家人文礼仪、基本法律、市场规则等知识。建立海外中国民营企业中心，发挥积极作用，为国内民营企业赴海外提供专业化、本地化、系统化服务。

二是优化出口转内销产品认证环节，缩减办理时间、简化办理手续，支持外贸型民营企业转内销。搭建外需转内销电商平台，组织大型商业企业开展订单直采，举办带货周、购物节等活动，多渠道引导外贸型民营企业对接国内市场消费需求。鼓励外贸型民营企业采取线上线下相结合的方法创新营销模式，发挥直播带货、场景体验等新功能，培育新的消费热点。支持外贸型民营企业应用大数据、人工智能、物联网等新技术，挖掘消费需求，开发适销对路的产品和服务。

三是依托地区协调发展和再定位战略（如东部地区的率先发展战略、中部地区的崛起战略、西部地区的大开发战略、东北地区的振兴战略）和重大区域战略（如京津冀协同发展战略、长江经济带高质量发展战略、粤港澳大湾区建设规划、长三角区域一体化发展战略、黄河流域生态保护和高质量发展规划、海南全面深化改革开放），制定民营企业积极参与共建的体制机制和行动方案。鼓励民营企业开发农村传统手工品、土特产品、自然风光、历史人文等资源，发展乡村特色产业，因地制宜推进乡村振兴战略。在国家重大规划、重大项目、重大工程、重大活动中，鼓励和支持民营企业积极参与。

四是落实降低民营企业市场准入门槛的政策举措，加快国有企业在竞争性业务剥离等方面进度，放开石油、化工、电力、天然气等领域节能环保竞争性业务，推动油气基础设施建设、设计施工市场等向民营企业公平开放。支持民营企业进入检验检测、认证认定、工业机器人、医疗智能装备等行业，在银行、保险、证券、资产管理等金融行业加快市场化改革。

二 加快引导企业转型升级

一是发挥国家大基金（如国家制造业转型升级基金、先进制造产业投资基金、战略性新兴产业引导基金等）的积极作用，引导传统产业中的民营企业聚焦主营业务和核心技术，在全球价值链、产业链、供应链关键环节和业务上进行重组整合，对研发设计、生产流程、组织架构等进行改造升级。引导民营企业立足自身发展实际，有序推动人工智能、大数据、物联网、区块链等新技术深度融合，提升企业数字化、信息化、智能化水平，实现个性化定制、柔性化生产、协同化制造新模式，走"专精特新"发展之路。

二是优化《产业结构调整指导目录》，引导民营企业产业转移。鼓励中部地区、西部地区和东北地区立足资源禀赋和产业基础，承接东部地区制造业民营企业的产能转移。设立国家级产业转移示范区，在财政、税收、金融、监管等方面给予一定的优惠政策，探索"双向飞地""利益共享"等新机制，总结民营企业跨区域产业转移的成功经验。应用新一代信息技术，打造线上线下融合发展的特色功能平台，创新产业转移项目线上对接与交流、线下谈判与签约的新模式。

三是增强园区承载力、集聚力、扩张力，适度扩大国家级新区、高新技术开发区、经济技术开发区、新型工业化产业示范基地等建设规模，让更多民营企业的创新资源和要素汇聚起来。梳理各园区促进民营企业创新发展的政策措施，总结成功经验，推广至全国范围内。鼓励各地建设民营企业产业园、中小微创业创新示范基地、标准化厂房、初创企业空间孵化器及相关配套设施，提升依托园区促进民营企业集群发展的水平和效率。

四是完善生态环境法律法规和政策标准，及时向民营企业宣讲，推动民营企业走绿色发展、可持续发展之路。发挥国家绿色发展基金的作用，引导民营企业探索资源集约、环境友好的发展新路。鼓励民营企业建立自我监督约束机制，自觉履行环境保护社会责任，主动公开节能减耗等绿色发展信息。分类施策，以市场化机制为基础，支持相关行业内民营企业加快应用现代技术手段实现污染排放全过程监测管控,提高污染治理水平。

三 切实降低企业经营成本

一是在疫情远未结束之前,适当延长并继续贯彻落实相关政策措施,简化程序,减少复杂环节和烦琐手续,确保包括阶段性减免社会保险费和降低社保费率在内的一系列减税降费优惠政策红利能真正被相关企业,尤其是受到疫情严重冲击的民营企业享受到。利用税务大数据信息和短信、微信、微博、官方网站等各种媒介,有针对性地向不同行业的民营企业推送政策信息,确保民营企业能及时知晓、充分准备、积极申请。

二是适当延长阶段性降低企业用电价格的政策措施,加强转供电价格监管,推动除高能耗、高污染以外的民营大工业和一般工商业电价再降低。依法规范"铁""公""机""港"等交通运输领域的经营服务性收费行为,鼓励通过新建大型物流基础设施、采取长期租赁和错峰集约化配送等方式保障物流用地,降低物流成本。

三是依法保障民营企业平等获取工业用地权,鼓励民营企业组建联合团体进而参加工业用地的招、拍、挂程序。根据不同类别建立更加细分的基准地价体系,创新短期出让、使用标准厂房、易地发展等弹性供地方式,降低民营企业用地成本。支持民营企业盘活存量土地发展新业态新模式。对符合相关规定且经允许增加容积率的民营企业用地扩容行为,暂不收取土地价款。

四是破除地方政府自我保护和区域分割行为,确保民营企业在地区间自由迁移时不会遇到除法律法规明确规定外的各种障碍。加快建立区域间统一、协调的人力资源市场体系,确保人才自主有序流动时政策能协调衔接。畅通民营企业专业技术人才职称评审通道,在享受政府特殊津贴人员比重上适当向民营企业倾斜。加大财政支出力度,在全国范围内对各类劳动者开展规模化、系统化、科学化的职业技能培训。

四　着力解决企业融资难题

一是选择部分国有金融企业开展试点，修改完善绩效考核评价体系，在其中强化对民营企业贷款指标，引导相关金融机构在总量和增速两方面增加对民营企业的信贷投放，同时在融资期限上增加对民营企业的中长期贷款比例。健全授信尽职免责机制，落实对民营企业贷款不良容忍的监管政策。发挥政策性、开发性金融机构引导作用，积极与中小商业银行开展合作，有针对性地提升服务民营企业的质量和效率。持续开展"银税互动"，有针对性地扩大民营企业贷款政策受惠范围。

二是拓展民营企业抵押质押物范围，针对民营企业所处产业链特征开展供应链融资，如发展应收账款、存货、仓单、租赁权等权利质押贷款，探索将用能权、碳排放权、排污权、合同能源管理未来收益权、特许经营收费权等纳入融资质押担保范围。扩大以专利权、商标专用权、著作权为核心的知识产权质押物范围，创新打包组合融资模式。鼓励金融机构认证第三方机构对企业产品流、信息流、资金流进行综合评价后的结果，并将此作为提高下一轮授信额度的重要参考。发挥信用评级机构及其他第三方机构的积极作用，鼓励相关企业利用大数据技术开发不同类型的产品，特别是针对民营企业的免抵押担保信用贷款产品。

三是完善股票发行和再融资制度，鼓励符合条件的民营企业赴资本市场上市融资。推动资本市场深层次改革，持续提升服务民营企业的能力。优化全国中小企业股份转让系统，发挥区域性股权市场的积极作用，支持区域性民营企业发展。鼓励风险投资、私募股权投资参与民营企业解难纾困。完善债券市场发行管理制度，推动债券产品创新，降低可转债发行门槛，为民营企业通过债券融资提供更加便利的基础和条件。鼓励社会各方力量积极参与民营企业债务重组，合力化解可能引发区域系统性风险的股票质押危机。

四是探索不同抵押质押物范畴下的风险分担机制，鼓励设立中小民营企业风险补偿基金，完善政府性融资担保机构功能，积极为优质民营企业增信并引导降低融资担保费率。建立民营企业拖欠账款问题约束惩戒机制，加强审计监察，对恶意拖欠、变相拖欠民营企业款项行为开展专项督查，提高拖欠款项的失信成本。必要时在全国范围内对典型案例予以通报批评，并对相关责任主体或责任人进行严肃问责。

五 加快建立现代企业制度

一是鼓励民营企业构建多元化产权结构，在现代企业制度引导下严格区分企业法人财产、个人财产和家族财产，把股东所有权、法人财产权明确分离，厘清股东关系及各自持股比例。支持有条件的股份制民营企业到主板、创业板、科创板、新三板、区域性股权交易市场上市和挂牌交易。引导民营企业积极学习公司法及相关法律法规，探索形成"权责明确、行为规范、运转协调、高效灵活、合理制衡"的决策体系、监督体系。鼓励民营企业参照行业标准并结合自身实际制定较为科学的公司章程，完善现代公司治理体系下的股东会、董事会、监事会和职工代表大会等制度，明确议事程序与规则。鼓励民营企业优化组织结构，建立有市场竞争力的人力资源管理制度，推动研发设计、生产制造、质量把控、财务会计、市场营销等价值创造活动的精细化管理。

二是广泛宣传古往今来优秀企业家的创新故事，营造良好的舆论环境，让容忍试错、宽容失败、首创荣耀、创新光彩的氛围深入人心，支持民营企业心无旁骛做实业、干实事。鼓励民营企业与世界一流企业和优秀国有企业加强交流合作，不断提升经营能力和管理水平。支持民营企业加强学习和开展培训，提高战略规划能力，不断提升自我发展质量。鼓励民营企业把好的管理经验、好的专利技术、好的人才队伍融进来，并通过创新股权认购、股权置换等方式参与国有企业的混合所有制改革等。

三是加强宣传教育，引导企业家正确认识当前国内外复杂多变的形势，坚定道路自信、理论自信、制度自信、文化自信。引导企业家树立崇高的使命感与责任感，把个人理想、企业未来与国家发展、民族复兴紧密结合起来。建立优秀企业家的"红榜"制度，在发挥其示范带动作用的同时，加大对切实履行社会责任的企业家的表彰与宣传力度，并在政府采购、融资担保、工程招投标等方面对相关企业予以加分甚至优先考虑。关爱企业家成长，搭建创客学院、研修班、辅导班等各类交流平台，加大对年青一代企业家在政策法规、管理实践等方面的培训力度。

六 持续推动营商环境优化

一是进一步优化公平竞争的市场环境。深入推进部门联合"双随机、一公开"监管，加快信用监管和"互联网+监管"改革。结合存量清理和增量审查原则，逐步废除妨碍统一市场和公平竞争的法律法规，逐步清理与企业属性相关的市场准入、资质条件、政府补贴等政策举措，坚决禁止在招投标过程中设置超过项目要求或与业务能力无关的约束条件。严格审查新出台的政策措施，引入独立第三方进行评估审查。建立健全妨碍、破坏优化公平竞争市场环境的投诉举报渠道和回应处理机制，引入政务服务的"好差评"制度，完善独立第三方对全流程进行审查、评估的机制，及时将结果向社会公布。

二是进一步健全平等保护的法治环境。提高司法审判和执行效率，避免影响工业企业的正常生产经营秩序。加大知识产权保护力度，健全快速协同机制与多元化解决机制，提高侵权赔偿标准，完善惩罚性赔偿制度和信用联合惩戒制度，提高违法成本。设立企业维权平台，加大冤假错案甄别纠正力度，保障企业家合法权益，完善涉政府产权纠纷治理长效机制。

三是构建"亲""清"新型政商关系。搭建政企沟通渠道，畅通民营企业家诉求机制，定期由政府部门主要负责人参与听取民营企业意见。政策制定过程中，要充分尊重并吸纳企业的有效建议。政策调整过程中，要设置合理过渡期，保障民营企业能顺利适应与调整。政策执行过程中，不搞"一刀切"，要坚持实事求是原则。合理编制政务服务事项清单，提升政府服务意识和能力，引入政务服务的"好差评"制度，定期把结果向社会公布。强化政府在招商引资过程中的诚信履约机制，保障民营企业依法签订各类合同后能顺利享受各项优惠政策，同时建立政府部门失信责任追溯和承担机制。

参考文献

陈昌盛、许伟兰、宗敏、江宇：《"十四五"时期我国发展内外部环境研究》，《管理世界》2020年第10期。

陈华主编：《建设现代化经济体系》，广西人民出版社2019年版。

陈玲、孙君、李鑫：《评估数字经济：理论视角与框架构建》，《电子政务》2022年第3期。

陈柳钦：《产业融合的发展动因、演进方式及其效应分析》，《西华大学学报》（哲学社会科学版）2008年第4期。

陈耀：《新时代我国区域协调发展战略若干思考》，《企业经济》2018年第2期。

迟福林：《以高质量发展为核心目标建设现代化经济体系》，《行政管理改革》2017年第12期。

单忠东：《民营经济三十年——思考与展望》，经济科学出版社2009年版。

董雪兵、李霁霞、池若楠：《习近平关于新时代区域协调发展的重要论述研究》，《浙江大学学报》（人文社会科学版）2019年第6期。

杜秦川：《围绕加快构建新发展格局统筹完善宏观经济治理》，《宏观经济管理》2021年第10期。

段鑫、陈亮：《产业结构升级对黄河流域资源型城市经济高质量发展的影响研究》，《生态经济》2023年第1期。

费洪平、洪群联、邱灵等：《新时代我国产业政策转型研究》，《北京交通大学学报》（社会科学版）2021年第4期。

冯柏、温彬、李洪侠：《现代化经济体系的内涵、依据及路径》，《改革》2018 年第 6 期。

付保宗、周劲：《我国制造业高质量发展步入窗口期》，《宏观经济管理》2020 年第 5 期。

高国力、贾若祥、王继源、窦红涛：《黄河流域生态保护和高质量发展的重要进展、综合评价及主要导向》，《兰州大学学报》（社会科学版）2022 年第 2 期。

高国力：《新时代背景下我国实施区域协调发展战略的重大问题研究》，《国家行政学院学报》2018 年第 3 期。

高建昆、程恩富：《建设现代化经济体系　实现高质量发展》，《学术研究》2018 年第 12 期。

高培勇、杜创、刘霞辉、袁富华、汤铎铎：《高质量发展背景下的现代化经济体系建设：一个逻辑框架》，《经济研究》2019 年第 4 期。

郭朝先：《产业融合创新与制造业高质量发展》，《北京工业大学学报》（社会科学版）2019 年第 4 期。

郭朝先：《民营经济发展 30 年》，《经济研究参考》2009 年第 49 期。

韩保江：《多维度把握建设现代化经济体系的目标要求和实现路径》，《经济日报》2017 年 10 月 27 日。

韩永文、马庆斌、陈妍：《完善体制机制和创新政策体系，加快落实区域协调发展战略》，《中国发展观察》2020 年第 4 期。

何爱平、安梦天：《新中国成立以来区域经济发展的政策演进、现实挑战与未来展望》，《山东社会科学》2020 年第 3 期。

何代欣、汪德华、赵瑾等：《学习贯彻习近平经济思想　助推经济高质量发展》，《财经智库》2022 年第 7 期。

何立峰：《大力推动高质量发展　积极建设现代化经济体系》，《宏观经济管理》2018 年第 7 期。

洪银兴：《建设现代化经济体系的内涵和功能研究》，《求是学刊》2019 年第 2 期。

胡鞍钢：《如何理解"两只手"优于"一只手"——中国政治经济语

境中的政府与市场关系》,《人民论坛·学术前沿》2014 年第 20 期。

胡鞍钢、张新:《现代化经济体系:发展的战略目标》,《经济日报》 2017 年 10 月 27 日。

胡雯:《中国数字经济发展回顾与展望》,《网信军民融合》2018 年第 6 期。

黄群慧:《浅论建设现代化经济体系》,《经济与管理》2018 年第 1 期。

季晓南:《充分发挥创新对现代化经济体系建设的战略支撑作用》, 《北京交通大学学报》(社会科学版)2018 年第 2 期。

贾若祥:《"十四五"时期完善我国区域政策体系和区域治理机制》, 《中国发展观察》2020 年第 15—16 期合刊。

贾若祥、张燕、王继源、汪阳红、窦红涛:《我国实施区域协调发展 战略的总体思路》,《中国发展观察》2019 年第 9 期。

简新华:《新时代现代化经济体系建设几个关键问题》,《学术前沿》 2018 年第 2 期。

江小涓、靳景:《中国数字经济发展的回顾与展望》,《中共中央党校 学报(国家行政学院)》2022 年第 1 期。

姜奇平:《数字经济学的基本问题与定性、定量两种分析框架》,《财 经问题研究》2020 年第 11 期。

焦帅涛、张秋碧:《中国数字经济发展的测度及分析》,《福州大学学 报》(哲学社会科学版)2021 年第 6 期。

金碚:《以创新思维推进区域经济高质量发展》,《区域经济评论》 2018 年第 4 期。

金碚:《中国经济发展 70 年的区域态势》,《区域经济评论》2019 年 第 4 期。

李飞翔:《"大数据杀熟"背后的伦理审思、治理与启示》,《东北大 学学报》(社会科学版)2020 年第 1 期。

李国平、孙瑀、朱婷:《"十四五"时期优化我国经济空间结构的若干对策建议》,《改革》2020 年第 8 期。

李兰冰、刘秉镰:《"十四五"时期中国区域经济发展的重大问题展望》,《管理世界》2020 年第 5 期。

李兰冰、商圆月:《新发展格局下京津冀高质量发展路径探索》,《天津社会科学》2023 年第 1 期。

李兰冰:《中国区域协调发展的逻辑框架与理论解释》,《经济学动态》2020 年第 1 期。

李美云:《国外产业融合研究新进展》,《外国经济与管理》2005 年第 12 期。

李锐:《我国民营企业转型升级问题研究》,博士学位论文,福建师范大学,2013 年。

李晓华:《制造业全球产业格局演变趋势与中国的应对策略》,《财经问题研究》2020 年第 10 期。

李轶楠:《十八届三中全会后对于"政府和市场关系问题"的研究综述》,《理论指导和实践指南——学习贯彻"四个全面"战略布局论文选辑》2015 年第 1 辑。

林学军、官玉霞、张文凤:《以全球创新链建设中国现代经济体系研究》,《经济研究参考》2019 年第 7 期。

刘秉镰、边杨、周密、朱俊丰:《中国区域经济发展 70 年回顾及未来展望》,《中国工业经济》2019 年第 9 期。

刘诚:《数字经济与共同富裕:基于收入分配的理论分析》,《财经问题研究》2022 年第 4 期。

刘承礼:《经济治理体系和治理能力现代化:政府与市场的双重视角》,《经济学家》2015 年第 5 期。

刘国光:《关于政府和市场在资源配置中的作用》,《当代经济研究》2014 年第 3 期。

刘淑春:《中国数字经济高质量发展的靶向路径与政策供给》,《经济学家》2019 年第 6 期。

刘伟:《坚持新发展理念,推动现代化经济体系建设——学习习近平新时代中国特色社会主义思想关于新发展理念的体会》,《管理世界》2017 年第 12 期。

刘伟:《以供给侧结构性改革为主线建设现代化经济体系》,《人民日报》2018 年 1 月 26 日。

刘兴国:《中国企业寿命为什么短》,《经济日报》2016 年 6 月 1 日。

刘迎秋、刘霞辉:《非国有经济改革与发展 30 年:回顾与展望》,《经济与管理研究》2009 年第 1 期。

刘志彪:《把握现代化经济体系的内涵和重点》,《人民日报》2018 年 6 月 24 日。

刘志彪、陈东等:《建设现代化经济体系的关键问题与对策》,中国财政经济出版社 2019 年版。

刘志彪:《建设现代化经济体系:基本框架、关键问题与理论创新》,《国民经济管理》2018 年第 10 期。

刘志彪:《建设现代化经济体系:基本框架路径和方略》,《经济理论与经济管理》2018 年第 2 期。

刘志成:《加快建设全国统一大市场的基本思路与重点举措》,《改革》2022 年第 9 期。

柳建文:《区域发展中的"公平观"与中国区域战略的演进》,《中央社会主义学院学报》2022 年第 4 期。

卢现祥、李磊:《强化企业创新主体地位 提升企业技术创新能力》,《学习与实践》2021 年第 3 期。

吕松涛:《"建设现代化经济体系"教学设计》,《马克思主义理论学科研究》2020 年第 5 期。

马艳、李俊、张思扬:《我国现代化经济体系的逻辑框架与建设路径研究》,《教学与研究》2019 年第 5 期。

门洪华:《推动中国对外开放进入新时代——党的十八大以来中国对外开放战略的总结与前瞻》,《社会科学》2019 年第 1 期。

宁吉喆:《建设现代化经济体系,实现新时代高质量发展》,《经济日报》2017 年 11 月 30 日。

宁吉喆：《中国式现代化的方向路径和重点任务》，《管理世界》2023年第3期。

宁阳：《加快建设现代化经济体系的五大维度》，《广西社会科学》2020年第5期。

逄锦聚：《在世界百年未有之大变局中坚持和发展中国特色社会主义经济发展道路》，《经济研究》2020年第8期。

裴长洪、倪江飞、李越：《数字经济的政治经济学分析》，《财贸经济》2018年第9期。

彭兴庭：《论现代产业体系的构建》，《华北电力大学学报》（社会科学版）2009年第5期。

任晓刚、李冠楠、王锐：《数字经济发展、要素市场化与区域差距变化》，《中国流通经济》2022年第1期。

盛毅、王玉林：《第二次现代化背景下的现代化经济体系建设》，《经济体制改革》2018年第1期。

施耀恬、翟巍：《平台经济领域"大数据杀熟"行为的反垄断规制路径》，《竞争政策研究》2022年第1期。

石建勋、张凯文、李兆玉：《现代化经济体系的科学内涵及建设着力点》，《财经问题研究》2018年第2期。

史丹、李鹏、许明：《产业结构转型升级与经济高质量发展》，《福建论坛》（人文社会科学版）2020年第9期。

史丹：《数字经济条件下产业发展趋势的演变》，《中国工业经济》2022年第12期。

史丹：《现代化产业体系的建设重点与路径》，《经济日报》2023年3月5日。

史丹：《中国工业70年发展与战略演进》，《经济日报》2019年10月9日。

宋光茂、韩保江：《加快建设现代化经济体系研究》，《人民日报》2020年2月24日。

孙彦红：《新产业革命与欧盟新产业战略》，《领导科学论坛》2020年第 12 期。

孙志燕、侯永志：《对我国区域不平衡发展的多视角观察和政策应对》，《管理世界》2019 年第 8 期。

唐斯斯、张廷强、单志广、王威、张雅琪：《我国新型智慧城市发展现状、形势与政策建议》，《电子政务》2020 年第 4 期。

陶亮：《智慧数据的法律挑战——当代"数据陷阱"的法律及应对》，《知与行》2020 年第 1 期。

滕泰、张海冰：《经济"头部化"的影响及对中小企业的冲击》，《宁波经济（财经视点）》2021 年第 3 期。

王海兵、赵静怡：《中国工业高质量发展路径：问题与对策》，《中国社会科学院大学学报》2022 年第 6 期。

王红霞：《现代化经济体系建设进程中的现代化城乡区域发展体系研究》，《上海经济研究》2020 年第 2 期。

王洪涛、陆铭：《供需平衡、动能转换与制造业高质量发展》，《江苏社会科学》2020 年第 4 期。

王洪涛、陆铭：《供需平衡、动能转换与制造业高质量发展》，《江苏社会科学》2020 年第 4 期。

王健、王立鹏：《我国经济体制改革理论的演进与发展》，《前线》2018 年第 11 期。

王尚君：《从政府与市场关系角度理解现代化经济体系》，《贵阳市委党校学报》2018 年第 1 期。

王世强：《数字经济中的反垄断：企业行为与政府监管》，《经济学家》2021 年第 4 期。

王小广：《构建现代化经济体系：内涵、理论基础及重点难点——深入学习党的十九大精神》，《贵州省党校学报》2018 年第 2 期。

王一鸣：《百年大变局、高质量发展与构建新发展格局》，《管理世界》2020 年第 12 期。

王一鸣：《建设现代化经济体系论纲》，广东经济出版社 2020 年版。

王媛媛、张华荣：《G20 国家智能制造发展水平比较分析》，《数量经济技术经济研究》2020年第9期。

王喆、汪海：《现代化经济体系建设与新一轮经济体制改革方略》，《改革》2018年第10期。

魏后凯、年猛、李玏：《"十四五"时期中国区域发展战略与政策》，《中国工业经济》2020年第9期。

魏际刚：《新时期中国产业政策调整思路》，《北京交通大学学报》（社会科学版）2019年第2期。

魏礼群：《正确认识与处理政府与市场关系》，《全球化》2014年第4期。

吴敬琏、刘鹤等主编：《中国经济新时代——构建现代化产业体系》，中信出版社2018年版。

吴俊杰：《论现代化经济体系：一个整体性视角》，《宏观经济管理》2018年第12期。

习近平：《高举中国特色社会主义伟大旗帜　为全面建设社会主义现代化国家而团结奋斗——在中国共产党第二十次全国代表大会上的报告》，《新湘评论》2022年第11期。

许正中：《以天下胸怀创造人类文明新形态——精准把握党的二十大报告的新担当》，《学习与探索》2022年第11期。

续继、唐琦：《数字经济与国民经济核算文献评述》，《经济学动态》2019年第10期。

阎瑞雪、魏众：《百年来中国共产党领导下的共同富裕理论与实践》，《财贸研究》2022年第12期。

杨俊博、吕拉昌：《新时代中国区域协调发展的新动向》，《特区经济》2019年第2期。

杨青峰、任锦鸾：《发展负责任的数字经济》，《中国科学院院刊》2021年第7期。

杨文溥：《数字经济与区域经济增长：后发优势还是后发劣势？》，《上海财经大学学报》2021年第3期。

余东华：《产业融合与产业组织结构优化》，《天津社会科学》2005年第 3 期。

余东华：《制造业高质量发展的内涵、路径与动力机制》，《产业经济评论》2020 年第 1 期。

余新培：《现代化经济体系建设中应处理好的几对关系》，《企业经济》2019 年第 9 期。

余泳泽、胡山：《中国经济高质量发展的现实困境与基本路径：文献综述》，《宏观质量研究》2018 年第 4 期。

张辉：《建设现代化经济体系的理论与路径初步研究》，《北京大学学报》（哲学社会科学版）2018 年第 1 期。

张慧明、蔡银寅：《中国制造业如何走出"低端锁定"——基于面板数据的实证研究》，《国际经贸探索》2015 年第 1 期。

张建刚、刘刚：《建设现代化经济体系的政治经济学探析》，《山东社会科学》2018 年第 5 期。

张杰：《把握好政府和市场关系是建设现代化经济体系的关键》，《南京财经大学学报》2018 年第 2 期。

张杰、谢晓雪：《政府的市场增进功能与金融发展的"中国模式"》，《金融研究》2008 年第 11 期。

张婕、陈田：《产业融合对制造业绩效影响的实证研究——制造业与服务业双向融合的视角》、《产经评论》2016 年第 2 期。

张俊山：《对新时代中国特色社会主义现代化经济体系建设的几点认识》，《经济纵横》2018 年第 2 期。

张可云：《区域发展不平衡不充分与"十四五"时期区域治理创新》，《中国工业经济》2020 年第 12 期。

张森、温军、刘红：《数字经济创新探究：一个综合视角》，《经济学家》2020 年第 2 期。

张神根、黄晓武：《改革开放与中国式现代化新道路》，《马克思主义与现实》2022 年第 1 期。

张首魁、赵宇：《中国区域协调发展的演进逻辑与战略趋向》，《东岳论丛》2020 年第 10 期。

张月友、董启昌、倪敏：《服务业发展与"结构性减速"辨析——兼论建设高质量发展的现代化经济体系》，《经济学动态》2018年第2期。

张占斌、孙飞：《建设现代化经济体系 引领经济发展新时代》，《中国党政干部论坛》2017年第12期。

张志勇：《中国往事30年：揭幕民营经济中国式进程》，经济日报出版社2009年版。

赵霄伟：《新时期区域协调发展的科学内涵、框架体系与政策举措：基于国家发展规划演变的研究视角》，《经济问题》2021年第1期。

赵霄伟、杨白冰：《顶级"全球城市"构建现代产业体系的国际经验及启示》，《经济学》2021年第2期。

中共北京市委党校马克思主义理论研究中心：《中国现代化经济体建设理论与实践》，中国社会科学出版社2019年版。

中国社会科学院工业经济研究所课题组：《"十四五"时期中国工业发展战略研究》，《中国工业经济》2020年第2期。

中国社科院工经所课题组：《工业稳增长：国际经验、现实挑战与政策导向》，《中国工业经济》2021年第3期。

周波：《如何看待建设现代化经济体系与高质量发展》，《国际贸易问题》2018年第2期。

周绍东、王立胜：《现代化经济体系：生产力、生产方式与生产关系的协同整体》，《中国高校社会科学》2019年第1期。

周绍朋：《强国之路：建设现代化经济体系》，《国家行政学院学报》2018年第10期。

周维富：《科学把握现代产业体系建设的着力点》，《中国经济报告》2021年第5期。

周维富：《科学把握现代化经济体系的内涵与特征》，《中国社会科学报》2021年6月15日。

周维富：《新时期制造业5大重点任务》，《国企管理》2022年第10期。

周文、施炫伶:《中国式现代化与人类文明新形态》,《广东社会科学》2023年第1期。

周小亮、宝哲:《数字经济发展对实体经济是否存在挤压效应?》,《经济体制改革》2021年第5期。

[日]青木昌彦等:《东亚经济发展中政府作用的新诠释:市场增进论》,《经济社会体制比较》1998年第5—6期。